МИХАЭЛЬ ЛАЙТМАН

«ТАЙНЫ ВЕЧНОЙ КНИГИ»

КАББАЛИСТИЧЕСКИЙ КОММЕНТАРИЙ К ТОРЕ

ТОМ 8

«У ГОРЫ»
«ПО МОИМ ЗАКОНАМ»
«В ПУСТЫНЕ»
«ИСЧИСЛИ»

МЕЖДУНАРОДНАЯ
АКАДЕМИЯ
КАББАЛЫ

УДК 130.122
ББК 87.3
Л18

Все права защищены. Никакая часть данной книги не может быть воспроизведена в какой бы то ни было форме без письменного разрешения владельцев авторских прав.

Лайтман Михаэль

Л18 Тайны Вечной Книги. Том 8 / Михаэль Лайтман – М.: НФ «Институт перспективных исследований», 2018. – 272 с.

ISBN 978-5-91072-093-4

Подобного раскрытия Торы до сих пор не было. Дайте себе немного времени, войдите в материал, и, уверяю вас, вы не оторветесь от этой книги. Потому что почувствуете, что она – о вас. И она нужна вам, как близкий друг, который всегда поможет, придет на помощь, будет рядом и в горе, и в радости.

Семен Винокур, автор и ведущий серии передач с Михаэлем Лайтманом «Тайны Вечной Книги»

УДК 130.122
ББК 87.3

© Laitman Kabbalah Publishers, 2018
ISBN 978-5-91072-093-4   © НФ «Институт перспективных исследований», 2018

ОГЛАВЛЕНИЕ

ПРЕДИСЛОВИЕ	7
ГЛАВА «У ГОРЫ»	**9**
НЕСЧАСТНЫЕ ЛЮДИ НА ТЕМНОЙ ЗЕМЛЕ	10
ДАЙТЕ МНЕ КОРАБЛИК!	13
СЛАДКОЕ РАБСТВО ИЛИ ПАРАДОКСЫ СВОБОДЫ	16
И МЫ ОКАЗЫВАЕМСЯ В МИРЕ БЕСКОНЕЧНОСТИ	19
ЗА ВСЕХ, КОГО ПРИРУЧИЛИ	22
СЧАСТЛИВОЕ ЧИСЛО СЕМЬ	26
СКОВАННЫЕ ОДНОЙ ЦЕПЬЮ, СВЯЗАННЫЕ ОДНОЙ ЦЕЛЬЮ	29
ЭТО ОЧЕНЬ ХОРОШО, ЧТО ПОКА НАМ ПЛОХО	32
ГОД ПОКОЯ ДЛЯ ЗЕМЛИ	36
НЕ МЕШАЙТЕ ТВОРЦУ	40
И ОБЪЯВИТЕ СВОБОДУ НА ЗЕМЛЕ	44
ИНДЕЙЦЫ И ЕВРЕИ	47
В АРЕНДУ У ТВОРЦА	48
ДЕТСКИЕ ИГРЫ ЗАКОНЧИЛИСЬ	52
МЕЛОДИИ ВЫСШИХ СФЕР	55
ВСЕ МЫ ПРИШЕЛЬЦЫ И ПОСЕЛЕНЦЫ	57
Я И ВЕСЬ МИР	60
ТРАМВАЙ ЖЕЛАНИЙ	63
ИТАЛЬЯНСКАЯ ЗАБАСТОВКА	67
НАСТРОЙТЕ ВАШИ ДУШИ	70
СТАКАН НА СТОЛЕ И ЗЕРКАЛО НА СТЕНЕ	73
БЕЗ СРОКА ДАВНОСТИ	79
СООБЩАЮЩИЕСЯ СОСУДЫ	82
БЕЗ ПРАВА ПЕРЕДАЧИ	85
СТОРОЖ ЛИ Я БРАТУ СВОЕМУ?	86
РАБ – СОСТОЯНИЕ ДОБРОВОЛЬНОЕ	90
ПЕРВОБЫТНЫЙ КОММУНИЗМ?	91
НЕ ОТПУЩУ НАРОД ТВОЙ!	95

ПРОДАЖА БРАТА	96
НА СВОБОДУ С ЧИСТОЙ СОВЕСТЬЮ	99
У ИСТОКОВ КРЕДИТНОЙ ИСТОРИИ	103
НЕ СОТВОРИ СЕБЕ КУМИРА	106

ГЛАВА «ПО МОИМ ЗАКОНАМ» — 109

ПОВЕРНЕМ РЕКИ ВСПЯТЬ	110
НЕ ОСТАВИТЬ ЛЮДЕЙ В ЕГИПТЕ	112
К ФАРАОНУ. ОПЯТЬ К ФАРАОНУ!	116
Я УБЬЮ СВОЕГО АМАЛЕКА	120
А НЕ ПРЫГНУТЬ ЛИ МНЕ С 10-ГО ЭТАЖА? ИЛИ ОТ КОРЫТА – К ЗВЕЗДАМ	124
СВЕТ ТЬМЫ	128
ЕСЛИ ДРУГ ОКАЗАЛСЯ ВДРУГ…	131
ПРИЗНАНИЕ В ИЗМЕНЕ	135
ПОБЕГ НЕВОЗМОЖЕН	138
СКОТОВОДЫ ИЛИ ЗЕМЛЕПАШЦЫ?	143
ВОТ ТЕБЕ ДОЛЛАР. ИДИ И РАБОТАЙ	145

ГЛАВА «В ПУСТЫНЕ» — 149

ВВЕРХ ПО ЛЕСТНИЦЕ, ВЕДУЩЕЙ ВВЕРХ	150
СВЕРХЪЕСТЕСТВЕННОЕ РАЗМНОЖЕНИЕ	158
ПОСТ НОМЕР 1	162
ПО ПОРЯДКУ – СТАНОВИСЬ!	166
ПРЫГНУТЬ В КОСТЕР	169
КАК НАЙТИ ТАИНСТВЕННЫЙ КОЛОДЕЦ МИРИАМ?	172
БОЖЬИ ОДУВАНЧИКИ ИЛИ ЕЩЕ РАЗ ПРО ЛЮБОВЬ	175
ВНИЗ ГОЛОВОЙ	178
ФЛАГИ НА БАШНЯХ	181
ПРОФИЛЬ ОРЛА, ЛИК ЛЬВА	186
ШИФР МИРОЗДАНИЯ	189
СЛИШКОМ БЛИЗКО К ОГНЮ	193
КОЛЫБЕЛЬ ЧЕЛОВЕЧЕСТВА	197

ПОДСЧЕТ ДУШ	201
ЦИФРОВОЕ НАСЛАЖДЕНИЕ	205

ГЛАВА «ИСЧИСЛИ» — **207**

ДУХОВНЫЙ МАРАФОН	208
РЕВИЗИЯ СВОИХ СВОЙСТВ	212
СО СКАЛЬПЕЛЕМ В РУКЕ	215
ПОЧЕМУ ОНА МНЕ ИЗМЕНИЛА?	220
ГОРЬКАЯ ВОДА, НАВОДЯЩАЯ ПРОКЛЯТИЕ	223
ВИНО, ВИНО, ВИНО! ОНО НА РАДОСТЬ НАМ ДАНО	228
ТРЕТИЙ ХРАМ – ПЛАЧ ВСЕЛЕНСКИЙ	232
БОРОДА ДОЛЖНА РАСТИ СВОБОДНО	235
ЧТО ТАКОЕ СОВЕРШЕННЫЙ ЧЕЛОВЕК?	237
КОГДА КОЭН ПРОСТИРАЕТ РУКИ	242
ВСТРЕЧИ У КОЛОДЦА	243
БЕЗ СТРАДАНИЙ НИЧЕГО НЕ ДОСТИЧЬ	245
ИНТЕРЕСНЫЙ ПЕРСОНАЖ	248
СМОТРЕТЬ НА ТВОРЦА И ДЕЛАТЬ КАК ОН	252
ГРЕКИ, ЕВРЕИ, ИДОЛЫ	255
ВЫЗЫВАЕМ ЧУДО	258

ПРИЛОЖЕНИЕ — **267**

ОБ ИЗДАНИИ «ТАЙНЫ ВЕЧНОЙ КНИГИ»	268
СОДЕРЖАНИЕ ТОМОВ	268
МИХАЭЛЬ ЛАЙТМАН	269
СЕМЕН ВИНОКУР	269
МЕЖДУНАРОДНАЯ АКАДЕМИЯ КАББАЛЫ	270
УГЛУБЛЕННОЕ ИЗУЧЕНИЕ КАББАЛЫ – ЕЖЕДНЕВНЫЙ УРОК	270
ИНТЕРНЕТ-МАГАЗИН КАББАЛИСТИЧЕСКОЙ КНИГИ	271

Предисловие

Когда мы снимали серию телепередач «Тайны Вечной Книги», мы все время ловили себя на мысли: «Лишь бы не прекращалось это чудо»…

Вот именно для того, чтобы сохранить это ощущение, мы и оставили все, как было.

Вот так, в виде свободной беседы все и происходило.

Мы получали ответы на сложнейшие вопросы.

Перед нами раскрывался волшебный мир Торы.

Точнее сказать, мы впускали ее в себя.

И открывалось нам, что это действительно инструкция, и действительно единственная в своем роде.

В книге все сохранено. И даже личные темы, которые вдруг возникали по ходу беседы, они тоже вошли в книгу.

Дорогие читатели, мы советуем вам, «отпустите весла» и начните сплавляться по этой великой реке жизни, которая называется каббалистический комментарий к главам Торы.

Читайте не торопясь, тогда вы почувствуете неповторимый вкус этой книги.

И захотите прочитать ее еще и еще раз.

У нас надежный проводник. Он чувствует эту реку, как свою, она для него – родная.

Каббалист Михаэль Лайтман раскрывает нам тайны Книги, в которой написано абсолютно все о каждом из нас.

О том, как нам жить.

Как быть счастливыми.

Двинемся же вслед за ним в это увлекательное путешествие!

Семен Винокур, автор и ведущий серии передач с Михаэлем Лайтманом «Тайны Вечной Книги»

Глава «У горы»

НЕСЧАСТНЫЕ ЛЮДИ НА ТЕМНОЙ ЗЕМЛЕ

Мы приступаем к новой главе, которая называется «Беар».

«Беар» – «У горы», хотя иногда говорят «На горе», возможны оба толкования.

Эта глава касается экономической структуры общества: в начале говорится о «шмите», то есть о соблюдении седьмого года, о выращивании урожая. Затем описываются законы продажи дома, имущества. Говорится о 50-летии – юбилейном годе, выпадающем на каждый пятидесятый год, и так далее.

Я выбрал из Книги Зоар несколько отрывков, касающихся этой главы.

Первый отрывок – «Исправление идолопоклонства»: 69) …И из его семени вышел Авраам, который был воплощением Адама Ришон. Раскаялся Авраам и разбил кумиров идолопоклонства и всю еду, которую ставили перед ними. Он исправил то, что нарушил Адам и Терах, и разбил грех и здание зла, возведенное им, то есть здание клипот, которое вызвал Адам своим грехом, и поставил Творца и Его Шхину господствовать над всем миром. [1]

Здесь важен момент разбиения идолов и еды, которая ставится перед ними.

Это важный момент, потому что создается впечатление, как будто они это ели.

---

1 Книга Зоар с комментариями Сулам. Сокращенное издание под редакцией М. Лайтмана. Глава Беар.

Поясните это. И почему от Авраама начинается, и Адам Ришон вдруг тоже здесь?

Адам Ришон – это та структура души, единственной, сотворенной, которая претерпела огромные изменения – «хафец хэсэд», то есть ничего не получающая и нейтрально существующая. Это ее начальное, исходное состояние.

В райском саду?

Да. Поэтому и называется «райский сад». То есть ангел.

Ангел – это значит, что у него нет абсолютно никакого эгоизма. Он выполняет любую работу, которая необходима общей силе Природы. И он является действительно только лишь какой-то частью этой силы. То есть, другими словами, ангел – это часть Творца. У него нет абсолютно ничего от себя, а только лишь то, как им управляет эта Высшая сила, которая движет все мироздание к цели. Сила отдачи и любви, которая движет к исправлению всю материю, противоположную ей в принципе. Движет поступенчато – к свойству отдачи и любви, которое эта материя приобретет в итоге своего исправления и достигнет состояния, равного Творцу.

Есть в нас запись этого состояния, которое называется Адам Ришон?

В нас есть все состояния. Потому что до того, как мы появились здесь, мы спустились с духовного уровня абсолютного совершенства до нашего мира – сверху вниз. И теперь мы должны, используя прошлые записи, которые существуют в нас (так называемые «духовные гены», или решимот), подняться наверх самостоятельно, осознанно, исправляя себя с помощью этой же Высшей силы, привлекая ее. Эта Высшая сила, которая нас исправляет, называется или Высший свет, или Тора. Тора – от слова «ор» («свет»).

Свет, который мы получаем постепенно, ступенчато, для того чтобы исправляться, называется не просто светом, он называется Торой. Он приходит к нам постепенно, по мере нашего подъема. Он формирует нас, обрабатывает. То есть это система Высшего излучения, которая светит на нас, формирует, поднимает, исправляет, в итоге совмещая всех снова в одну общую структуру, и это та самая общая душа, которая изначально и была создана. А мы, вместо того, чтобы быть вместе в этой общей душе, находимся внизу, абсолютно разбитые между собой, рассыпанные на этой плоскости, отдаленные друг от друга.

В этом заключается вся наша история нисхождения сверху вниз и восхождения снизу вверх. История восхождения снизу вверх началась с того, что общая душа, называемая Адам, была в таком нейтральном состоянии, и затем она должна была разбиться и обнаружить себя абсолютно эгоистической, непригодной к контакту со светом – с Творцом, что и было. Это называется «грехопадение и изгнание из райского сада».

Творец исчез, и остались несчастные люди блуждать по этой темной Земле.

После этого рождаются 20 поколений, которые пытаются исправить это состояние. Десять первых поколений осознают свои проблемы, но не могут ничего сделать, пока не появляется Ноах – Ной по-русски, который отрывается от них, оставляя их погибнуть под всеобщим потопом. Но это не гибель – это очищение.

ДАЙТЕ МНЕ КОРАБЛИК!

Все-таки для желаний, таких грязных, как мы говорим, это гибель? А для Ноаха?

Нет вообще гибели, как таковой. В том состоянии, в котором я раньше использовал эти желания, я их использовать не могу. Поэтому называется, что они во мне гибнут. Но вместо этого они возникают во мне в лучшем виде, и я могу их использовать.

Те желания, которые я перестал использовать, которые погибли под влиянием, допустим, этого потопа, затем, после потопа, возрождаются в своем правильном виде, и появляются следующие поколения. Откуда они появляются? Это те же желания, которые прошли стадии своего очищения тем, что они погибли в своем прежнем эгоистическом виде, и теперь возрождаются в альтруистическом. Поколения, приближающиеся к Аврааму, к осознанию того, каким образом надо двигаться.

И последняя ступень перед Авраамом – это Терах. Терах – это его отец, это ощущение эгоизма, которым я хочу наслаждаться, которым я хочу пользоваться. А Авраам – это осознание зла этого эгоизма, то есть обратная сторона. Авраам и Терах – это одна часть. Только первая часть – Терах – это та, которая желает работать с эгоизмом. А вторая часть, Авраам, уже понимает, что с этим эгоизмом работать нельзя, что это гибель народа.

И поэтому они отрываются в итоге друг от друга. Авраам оставляет свое прежнее состояние, свое отношение к жизни, к миру, которое называется Терах, и становится Авраамом. «Ав» – это «отец», «ам» – это «народ». Отец народа. То есть праотец всего того, что будет исправляться, всех тех желаний, которые в итоге будут исправляться.

И так происходит далее по всему пути в Торе.

Авраам был воплощением Адама Ришона. Раскаялся Авраам и разбил кумиров идолопоклонства и всю еду, которую ставили перед ними.[2]

Да, все то, что считалось на прошлой ступени святым, высшим, ради чего стоит жить, трудиться, отдавать себя – все действия этого мира ради себя, детей, человечества, природы – это всё должно пройти разбиение.

Вы сказали высокие вещи: «Ради мира, ради детей»… Ради этого мы существуем на этой планете и в этом мире?! Это же самообман!

И Авраам говорит, что это самообман.

Конечно. Мы хотим спокойно существовать: дайте мне только спокойно прожить отведенный мне срок, а после этого – хоть потоп, а если потоп случится до этого – тогда дайте мне кораблик.

И всё. В общем-то, так думает человечество, и это естественно. Но это пагубное отношение к существованию. Авраам считает, что этот мир устроен не для того чтобы задобрить наших сегодняшних идолов в этом мире: работа, учеба, дети, и чтобы было хорошо, спокойно, и пройти сквозь это, нормально прожить, и можно спокойно ложиться и умирать. А для того, чтобы в течение этой жизни выйти в следующий мир.

---

2 Книга Зоар с комментариями Сулам. Сокращенное издание под редакцией М. Лайтмана. Глава Беар.

Это цель?

Да. Это начал Ноах, который освободился от прошлого, построил этот корабль, то есть оболочку, в которой он сохраняется от всего этого мира. Это новый взгляд на мир – он уже понял, что надо от этого мира спасаться, и вошел в такую как бы энергетическую защиту, которая защищает, спасает его от всех этих мыслей, соблазнов этого мира.

И он идет вперед, уплывает от них, и поэтому все его остальные непреходящие ощущения, мысли, желания погибают в водах потопа. А он остается.

Со своим окружением?

Да, со своим окружением. Но нам надо воспринимать несколько по-другому. Все-таки мы должны понимать, что вся природа – неживая, растительная, животная, человек – это одно единое целое. И из этого одного единого целого только часть, которая называется Ноах, спасается от Потопа – всё остальное погибает, но таким образом исправляется и возрождается после Потопа в новом виде.

То есть та часть, которая называется Ноахом – исправляется по одному пути, а та часть, которая не может исправиться по пути Ноаха, то есть быть, как бы в ковчеге под воздействием окружающего света, доброты (ор хасадим – ковчег), погибает, проходит другим образом свое исправление.

И затем наступает следующий этап. Мы все время говорим об общем творении. То же самое происходит с Авраамом. Те части, которые не могут исправиться, остаются в Ур Касдим, в Вавилоне, а Авраам выходит из Вавилона: бросает, ломает, сжигает всех этих своих идолов.

Он осознает уже на более высоком уровне, чем Ноах, что все, что относится к его эгоистическому состоянию, оно, на самом деле, неживое. То есть в нем нет Высшего света. Он уже различает на другом уровне, что значит высший и низший. Он уже отрезает в себе весь этот пласт, который называется неживой, растительной, животной и человеческой материей, – четыре уровня, которые есть в его душе, которые не могут освободиться и выйти из-под власти Нимрода, из-под власти эгоизма. И он уходит.

То есть мы снова видим – общая душа выделяет из себя определенную часть, которая может исправиться, и идет своим путем. Так же, как Ноах отделился от всего мира, так Авраам отделяется от всего мира, а остальная часть идет своим путем. Эта часть тоже придет к исправлению – это все остальные народы мира, кроме той части, которая отделяется сейчас из Вавилона.

И связь между ними есть.

СЛАДКОЕ РАБСТВО ИЛИ ПАРАДОКСЫ СВОБОДЫ

Следующий отрывок о двух ступенях: «сын и раб».
«И сказал мне: ты раб Мой, Исраэль, в котором Я прославлюсь». «И сказал мне: ты раб Мой», – это ступень раба, то есть левая линия и свойство Малхут. «Исраэль» – это ступень сына, правая линия, свойство Зеир Анпина. И когда они в одном единстве, говорится: «в котором Я прославлюсь».[3]

---

3   Книга Зоар с комментарием Сулам. Сокращенное издание под редакцией М. Лайтмана Глава Беар.

Речь идет о двух ступенях? Когда они в полном единстве?

Да, они должны совместиться.

И говорится: «в котором Я прославлюсь».

Прославлюсь, то есть раскроюсь.

Раскрытие – это соединение раба и сына?

Да, правой и левой линии. Так мы и должны действовать. То есть с одной стороны, мы должны полностью подчиняться. Это раб. Потому что можно сказать: все равно же, это воздействует на нас, и куда мы можем вообще двигаться? Что мы можем сделать? Куда мы можем деться от этого Высшего управления, которое просто властвует над нами.

То есть я признаю: «Я не свободен».

Это нехорошо, это свойство нехорошего раба. Левая линия тоже должна быть преданной своему господину: я хочу быть его рабом – в тех моих желаниях, в которых я сам не волен, я хочу специально, чтобы он властвовал во мне.

И все равно это раб?

Это – настоящий раб, о котором здесь и говорится.

А я сказал: «Я не свободен».

Нет, нет. Я свободен! Я свободен – моя свобода заключается в выборе. Быть ли под властью моего господина или уйти. Я выбираю быть под его властью. Более свободным, чем быть под его властью, **я** не могу.

А потом из раба рождается ступень сына, когда я поднимаюсь еще выше. Отличие сына от раба в том, что я выполняю всё, что желает уже мой отец, а не господин. Я желаю выполнять все его действия добровольно, сознательно. Даже если бы он меня к этому не принуждал, не заставлял, я бы его об этом не просил, и даже если он об этом не знает. То есть я уже работаю здесь без связи с отцом, подобно ему.

Трудно это выразить. Но эти два состояния должны быть в человеке, и они должны быть явно ощущаемыми, и тогда между ними возникает третье состояние – средняя линия. Ее, может быть, не очень просто объяснить, но именно, когда и не раб, и не сын, возникает она, ее не существует в природе. Эта средняя линия дает человеку ощущение полной свободы. Ты находишься, как в безвоздушном пространстве, на тебя не действует ни первое условие – раба, ни второе условие – сына. Ты можешь совершенно оторваться от всякой связи с Творцом и быть самостоятельным во всех своих действиях, во всех желаниях, совершенно, абсолютно во всех своих мыслях. Полная свобода!

Такое возможно?!

Да, потому что в этом-то и заключается Замысел творения: привести человека к состоянию свободы, и чтобы, исходя из этой свободы, он выбрал именно состояние, в котором находится Творец, и к этому состоянию стремился. И когда он сам стремится к такому же состоянию, в котором находится Творец (на 10%, на 15%, на 20%), постепенно создавая из себя абсолютно такой же образ, копию, – в этой мере он называется человеком – в средней линии.

Вы сказали «я отрываюсь от Творца в средней линии».

А иначе у тебя не может быть свободы воли, иначе ты не можешь быть свободным. И это не иллюзия свободы воли – ты должен ощутить, что ты абсолютно свободен. Причем, ощущение этой свободы, идет на фоне такой какофонии всевозможных эгоистических желаний, побуждений, соблазнов: делать все, что угодно, быть хозяином вселенной – вся гордость, вся зависть, вся муть в человеке так и начинает подниматься снизу.

И тут надо держаться – со всех сторон подкуп?

Да, да. Тут ты начинаешь строить из себя свободного человека. Представляешь, ты находишься внутри какой-то жидкости, допустим, в воде, и вся муть вдруг поднимается вместо прозрачной свежей воды, и это все твое. И в тебе все эти флуктуации мыслей, желаний, всё сразу…

И МЫ ОКАЗЫВАЕМСЯ В МИРЕ БЕСКОНЕЧНОСТИ

Еще один отрывок. Называется он «Жить в радости» – это тоже из Книги Зоар:

54) «Живи в стране» – это высшая страна, то есть Малхут, ибо нет в мире человека, который может жить в ней, пока не пробудилось это благо, то есть Есод Зеир Анпина, по отношению к ней. Ибо Малхут без Есода наполнена жесткими судами (диним). Когда человек пробудил его своими добрыми делами, он как будто «сделал его». И тогда: «Живи в стране», –

живи внутри нее, в Малхут, и питайся ее плодами, и забавляйся с ней.[4]

Это Малхут мира Ацилут – это общая душа, одна единая, единственная. В какой мере я могу соединить себя со всем творением: неживой, растительной, животной, человеческой природой – абсолютно со всеми, стать с ними как одно единое целое в желании добра, любви, в желании наполнить их?

Вполне возможно, что я не могу это сделать со всем своим эгоизмом, а лишь с его, допустим, десятой частью (15%, 30% – не важно, сколько). Если я могу включиться в это состояние, в желание добра и любви к остальным, значит, я включаюсь в эту Малхут. И в таком случае я вызываю в этой Малхут движение по направлению к Зэир Анпину, к следующему уровню, туда, где находится Высший свет.

И этот Высший свет светит в Малхут и наполняет ту часть, которую я внес в Малхут своим добрым побуждением. В принципе, в этом заключается все наше исправление – полностью, абсолютно, стопроцентно войти в эту Малхут, в эту общую душу.

Вы рассказали о трех стадиях? Я пробуждаю в этой общей душе стремление к добру, к любви, то есть занимаю какое-то свое небольшое место? И мое побуждение поднимается еще выше и вызывает на это место свет?

Да.

И этот свет потом приходит ко мне?

---

4   Книга Зоар с комментарием Сулам. Сокращенное издание под редакцией М. Лайтмана Глава Беар.

Нет, он только там – всё аккумулируется внутри Малхут.

Какова же цель?

Чтобы мы все поднялись в Малхут, стали в ней абсолютно добрыми, влияющими добром и вызвали, таким образом, на нее истечение Высшего света. Чтобы мы поднялись к ней снизу, и Высший свет снизошел бы в нее свыше.

И тогда наполнилась бы эта единая душа?

И она наполнилась бы нашими добрыми желаниями и Высшим светом. И на этом заканчивается все творение, и мы оказываемся в мире Бесконечности.

Это и является целью творения?

Да, да. Исправить себя до такого состояния, когда каждый из нас – и все вместе.

Это называется, как вы говорили, пройти обратный путь из падения: мы упали, а сейчас поднимаемся обратно?

Да. Внутри Малхут, включаясь в нее всеми своими чувствами, мыслями и желаниями, постепенно, постепенно – так мы проходим все 125 ступеней, потому что внутри нас есть 125 эгоистических порогов.

Вы сказали – вызвать добро, любовь. Как это связано с соединением, с единством?

Только лишь единением со всеми остальными, только лишь устремлением к тому, чтобы связаться со всем миром и через себя провести ему добро. Только таким образом я получаю возможность войти в Малхут. Только таким образом у меня вообще появляется возможность контакта с моей душой, иначе у меня нет души, иначе я просто эгоист, животное.

Через любовь к ближнему я иду к любви к Творцу, то есть через стремление провести людям добро я должен устремиться к получению Высшего света, чтобы провести его к ним – только в таком случае я завоевываю часть своей души.

Что такое – «Я, желающий добро миру и людям»? Что такое – добро для них?

«Я» – это основа, центральная точка моей души. «Желающий провести добро к людям» – это то желание, которое во мне станет называться «человек», потому что в нем я становлюсь подобным Творцу.

Что является добром для людей?

Добром для людей называется привлечение на них Высшего света, который раскрывает им истину, и все остальное уже идет своим чередом. То есть я помогаю им раскрыться.

ЗА ВСЕХ, КОГО ПРИРУЧИЛИ

Мы разобрали несколько отрывков из главы «У горы» и выяснили, как Книга Зоар рассматривает эту главу. В ней говорится о законах экономической структуры, о том, что земля должна покоиться семь лет, о том, что такое пятидесятилетие (йовель) и другие законы.

Рассматриваются основные законы поведения человека при условии его правильной интеграции в общей природе. Ведь человек, в принципе, не подвластен природе, ему дается свобода воли. И его «шатания» вносят дисбаланс не только в общество, но и в окружающую природу тоже. И поскольку самая важная часть всей природы – человеческое сообщество – нестабильно, неправильно себя ведет, то и в природе происходит дисбаланс, приводящий к неправильному, нецеленаправленному развитию

И поэтому здесь даются основные законы поведения правильного человеческого сообщества, благодаря которым оно находится в правильном взаимодействии, в гармонии с окружающей средой: неживой, растительной и животной – и таким образом вся система продвигается правильно к своему конечному состоянию, намеченному заранее.

Предыдущие главы были очень активные, полные действия, и внешнего тоже. Это было впечатляюще: движение народа, проход через пустыню, стояние у горы Синай. И вот сейчас пошли главы очень внутренние, с каким-то внутренним движением – и вы раскрываете их с внутренним движением. Внешне статичная глава вдруг оказывается такой глубокой.

Вот здесь о чем речь?

/1/ И ГОВОРИЛ БОГ, ОБРАЩАЯСЬ К МОШЕ НА ГОРЕ СИНАЙ, ТАК: /2/ «ГОВОРИ С СЫНАМИ ИЗРАИЛЯ И СКАЖИ ИМ: КОГДА ПРИДЕТЕ В СТРАНУ, КОТОРУЮ Я ДАЮ ВАМ, ЗЕМЛЯ ДОЛЖНА ПОКОИТЬСЯ В СУББОТУ БОГА. /3/ ШЕСТЬ ЛЕТ ЗАСЕВАЙ ПОЛЕ ТВОЕ, И ШЕСТЬ ЛЕТ ОБРЕЗАЙ ВИНОГРАДНИК ТВОЙ, И СОБИРАЙ ПЛОДЫ ЕЕ ЗЕМЛИ. /4/ А В СЕДЬМОЙ ГОД СУББОТА ПОКОЯ БУДЕТ ДЛЯ ЗЕМЛИ, СУББОТА БОГУ: ПОЛЯ ТВОЕГО НЕ ЗАСЕВАЙ И ВИНОГРАДНИКА ТВОЕГО

НЕ ОБРЕЗАЙ. /5/ ТО, ЧТО САМО ВЫРАСТЕТ НА ЖАТВЕ ТВОЕЙ, НЕ СЖИНАЙ, И ВИНОГРАДА С ОХРАНЯВШИХСЯ ЛОЗ ТВОИХ НЕ СНИМАЙ; ГОД ПОКОЯ БУДЕТ ДЛЯ ЗЕМЛИ».[5]

Мы раньше говорили о субботе для человека – и вдруг оказывается, что есть суббота для земли. Для человека внешнего в этих строках нет эмоций.

Здесь даются законы какого-то особого сельскохозяйственного поведения человека: как ему вести свое хозяйство, поступать с коровами, овцами, землей, с тем, что на ней произрастает.

Да. Нет уже той героики: кто-то первым прыгнул в море…

Это если мы имеем в виду, действительно, окружающий мир.

А если мы имеем в виду наши внутренние желания, которые делятся на неживую, растительную, животную и человеческую природу – на четыре вида, на четыре степени эгоистических желаний, – то тогда мы можем представлять себе, каким же образом мы можем себя правильно настраивать.

Например, желания растительного уровня, то, что мы видим в окружающем нас мире, – всё это существует и в нашем внутреннем мире, только на растительном уровне. В наших желаниях есть неживой уровень, растительный, животный и человеческий.

Сколько законов есть относительно поведения только с растительным уровнем, и как мы должны к нему относиться: какие законы соблюдать. Виноградник – это

---

5 Тора, «Левит», «Беар», 25:1-25:5.

одно, а земля – другое, плоды ее – третье. Это все связано со временем: с временами года, с большими промежутками времени, седьмой год, пятидесятый год и так далее.

Что это значит во внутреннем исправлении человека? О каких чертах его характера идет речь, о каких отношениях его с самим собой и с другими?

Шесть лет – говорится здесь – работай и засевай землю, а седьмой – дай ей покой. Что это означает?

Я в течение шести лет работаю над своим особым желанием уровня «растительный». Это авиют второго вида – эгоистическая толщина.

Что это за растительные желания? Это во мне заложено?

Есть желания неживого вида, неживого уровня. Неживого – значит, они не развиваются или развиваются так медленно, что практически, в течение моего периода существования, который называется «гильгуль» («кругооборот»), я не чувствую их развития.

Что это за желания неживого уровня во мне?

Сохранять себя на неживом уровне – на стабильном уровне. Я не хочу, чтобы эти желания менялись, но я должен сделать так, чтобы они действительно не менялись. Это уже совсем другое. То есть я должен включить сюда, возможно, все свои усилия для того, чтобы относительно этих желаний неживого уровня, держаться в каком-то постоянном состоянии.

Допустим, относительно своего товарища я должен держаться на уровне постоянной любви и заботы.

Это неживой уровень?

Этот мой постоянный уровень взаимодействия с ним – он неживой, потому что я не развиваю его. А он сам при этом развивается. Потому что если я все время работаю над тем, чтобы он был постоянным, то он, сам по себе развиваясь благодаря моей работе, меняется, и меняются наши взаимоотношения. Они поднимаются как неживое, не меняющееся в своем характере, а на самом деле, выходят на все больший и больший уровень. И потому наша взаимная любовь, включение друг в друга, понимание, содействие все время становится другим.

СЧАСТЛИВОЕ ЧИСЛО СЕМЬ

Когда вы говорите «на другой уровень», имеется в виду более высокий уровень?

Да, но он достигается благодаря тому, что я все свои действия направляю на то, чтобы не изменился характер наших отношений. То есть относительно этого я нахожусь на неживом уровне. Ты понимаешь, насколько этот неживой уровень – на самом деле живой, потому что он относится **ко мне**, а не к какой-то внешней природе.

А что же тогда седьмой год? Шесть лет я должен стараться находиться на этом уровне? На уровне земли?

Да. И я работаю над ней.

Что значит – засеивать ее?

Засеивать – это намного серьезнее, это означает, что я уже прорабатываю в ней растительный уровень. Я включаю свои собственные действия, мысли и желания, чтобы сохранять наши отношения максимально в том же двухстороннем единении, взаимном поручительстве. Я их развиваю уже на следующих уровнях – с неживого на растительный, на животный и на человеческий. И все время на этих уровнях я слежу, чтобы эти действия были «неживыми», то есть сохранялась эта константа, постоянный по своему характеру уровень взаимоотношений.

А седьмой год – это совсем особое действие, когда я получаю свыше благодаря тому, что проделал работу над всеми своими шестью параметрами – хэсэд, гвура, тифэрэт, нэцах, ход, есод – получаю свыше следующий уровень моего подъема на следующую ступень. Следующая ступень – это перескок, как в часах, как в счетчике перескакивает цифра. Так вот, в седьмой год я не ввожу никакого своего дополнительного усилия, ничего не делаю, я не работаю.

Для того чтобы работать на неживом уровне, я должен работать с самим неживым уровнем – это земля. Я должен работать с растительным уровнем в ней, в земле, – потому что я произвожу какой-то продукт моего питания. Я произвожу его с помощью особого вида животного уровня – животных. И я это делаю для того, чтобы этим пользовался человек.

И когда я получаю плоды земли, я должен обратить их в питание для земли как удобрения или через животных, или через растительный уровень.

Питание для животных?

Да, и для растений, и для животных, и для человека.

То есть этот неживой уровень, оказывается, дает мне через себя питание для всего цикла. И поэтому, когда я прихожу к седьмому году, я не работаю сам – тогда включается малхут, которая работает на отраженном свете, и, суммируя это все, человек вступает в контакт с Творцом.

Поэтому и называется седьмой год – год Творца. То есть все, что ты создал своими усилиями, выходит в седьмой год в том, что ты получаешь силу света, которая тебя приподнимает на следующую ступень.

На следующую ступень ты не можешь подняться сам. Ты реализуешь в себе все свои усилия в работе над этими четырьмя желаниями. Мы знаем, что душа состоит из четырех видов желаний: неживой, растительный, животный, человек. И когда ты их проходишь, срабатывает этот щелчок – седьмой год – и ты переходишь на следующую ступень. И на ней – то же самое, но в другом качестве. Конечно, это все переживается совершенно по-другому.

Вся глава стартует с седьмого года. Если можно – еще о седьмом.

Это семь недель, это семь дней в неделе и малхут – это суббота, это седьмой год, это семь по семь – сорок девять – пятидесятый год и так далее. С этим связано очень много законов исправления человека. И это надо подчеркнуть.

Хотя кажется, что это человеческий уровень, тут говорится о неживом уровне.

А можно еще чуть проще объяснить? Что такое – семь дней? Например, шесть лет обрезай виноградник свой и собирай плоды земли…

Я скажу проще. Человеческое желание состоит из четырех уровней эгоизма. Исправление этих четырех уровней называется работой с неживой, растительной, животной, человеческой природой человека. Значит, самая низкая работа, самая начальная работа состоит в том, чтобы правильно относиться к неживому уровню.

СКОВАННЫЕ ОДНОЙ ЦЕПЬЮ, СВЯЗАННЫЕ ОДНОЙ ЦЕЛЬЮ

Это работа с землей?

С категорией «земля» в человеке. Земля на иврите – «адама». От этого слова – Адам.

Все начинается с земли. И человек, работая на этом первом уровне, должен включать в него все остальные, потому что ни один из этих четырех уровней не работает сам по себе, а должен быть связан со всеми так же, как и вся природа взаимосвязана. То есть, работая даже с этим низким уровнем – с землей, мы работаем и с растительным уровнем в нас, и с животным, и с человеческим.

Бааль Сулам объясняет это в «Предисловии к Книге Зоар». Он говорит, что даже когда мы работаем в мире Асия, который представляет собой неживой уровень, то мы выполняем работу в мире Асия, но привлекая одновременно все остальные миры, все виды света. То есть не только свет нэфэш, но и руах, нешама, хая, ехида – все они облачаются в мир Асия, хотя они облачаются там не в своем постоянном воздействии, а только временно. Но постоянно – только уровень мира Асия, только неживой уровень.

Так это все происходит.

А можно сказать, что такое неживой уровень человека? Когда вы говорите: неживой уровень в человеке, жи-

вотный, растительный – у меня нет эмоционального сопереживания. Это как-то рассудочно.

Да. Это несколько абстрактно.

А если, например: сидит человек у телевизора, смотрит футбол, у него в тарелке борщ, он кушает и ничего не хочет, только смотрит туда – это неживой уровень человека. Если вы так скажете – я это пойму.

Если бы это было так, то мы были бы в мире праведников.

Да? Но человек же ничего не хочет – для меня это неживой уровень.

Нет. Когда мы говорим о духовном, мы говорим об абсолютно осознанном поведении человека по реализации своей эгоистической природы для достижения высшей цели – единения с другими и через него – единения с Творцом.

Это какой уровень?

Любой! В том числе, и неживой.

Есть такой общий уровень?

Да. И поэтому, если я настроен на то, чтобы достичь цели творения, раскрыть мое движение к Творцу, то я, в первую очередь, должен настроить себя во всех своих желаниях на начальный, нулевой уровень – выставить себя по нулям.

И стеречь этот уровень по нулям – чтобы он был! Это значит, что я делаю на себя *цимцум* – сокращение, выставляю свою начальную планку.

И что происходит? Творец начинает постоянно менять во мне какие-то параметры, какие-то условия, отношения. А я выдерживаю эту планку.

То есть Он ждет: только сдай позицию?

Да. А я обязан этот уровень держать. После того как я его продержал при определенных условиях, я могу свыше этих условий начинать меняться сам. Переходить на растительный уровень, когда я уже не ожидаю от Него, что Он меня сейчас будет бросать из стороны в сторону, а я должен держаться все время за правильную цель, и сам буду видоизменять всевозможные условия во мне для того, чтобы двигаться к этой цели.

Я как бы уже буду двигаться не по скорости, а по производной, по ускорению, а потом – по вторичной, по третичной. То есть каждый раз я себя буду переводить в систему более высокого порядка, умноженную на десять. Или как тут говорится, на семь, но это десять.

То есть эта граница, этот нулевой уровень, через который я не дам никому перейти – ни себе, никому не дам себя заставить ничего взять. То есть «я не возьму!» – это моя эгоистическая граница – больше я взять не могу. Он называется неживой уровень?

Да. Неживой уровень – это когда я сохраняю себя направленным полностью на цель творения, какие бы внешние параметры на меня ни действовали.

С этого всё начинается? Это и есть земля?

Человек растет из земли.

Что дальше происходит? Я не хочу быть эгоистом, я знаю, сколько мне достаточно…

А с чем я работаю? Со своими взаимоотношениями с окружением! А окружение – это же неживой уровень, но это уже человек.

Это уже человеческий уровень?

Да. Но мои взаимоотношения с ними находятся на неживом уровне.

Почему? Почему?

Потому что я выдерживаю качество связи, – а оно неживое.

ЭТО ОЧЕНЬ ХОРОШО, ЧТО ПОКА НАМ ПЛОХО

Вот здесь я не могу понять. Для меня самый живой уровень – это поддержание любви с другим человеком. Это самый живой уровень, самый человеческий. Я в этом не чувствую «нуля», о котором вы говорили.

Когда держит свою линию, что бы ты с ним ни делал, – ты не говоришь, что он как будто неживой?

Я говорю: он – упрямый.

Какая разница? Это такое состояние.

Да, бывает, я говорю так: как неживой, не хочет развиваться, не хочет двигаться под моим давлением.

Вот об этом и речь. Это непросто. Потому что человек получает такие возмущения, воздействия на себя, что он должен постоянно работать над подъемом величия цели, иначе он за нее не сможет удержаться. Все состояния, которые будут по нему проходить, будут его мотать из стороны в сторону. В науке это называется «возмущение».

Что я говорю при этом Творцу? Ты меня не заставишь взять больше, этого уровня. То есть я могу взять только 20%.

Да я ничего не могу взять.

Ничего не могу взять?

Нет. Земля ничего не получает, только если должно в ней что-то произрасти. Это растительный уровень, который относится к земле. Это – следующий уровень.

Когда начинается вспахивание, засевание – это уже произрастание.

И тут возникает проблема: ты исправляешь землю для того, чтобы она произвела растительный уровень, или ты хочешь работать на растительном уровне и для этого используешь неживой уровень, землю?

Объясните.

Или ты находишься в мире Асия и используешь мир Ецира для мира Асия. Или ты находишься в мире Ецира и используешь мир Асия для того, чтобы подниматься выше, уже из него. Что главное.

Так что такое – шесть лет работать на земле?

Бааль Сулам и говорит об этом в «Предисловии к Книге Зоар».

Шесть лет работать с землей, а в седьмой год, чтобы она отдыхала?

Это ты работаешь с землей.

С неживым уровнем?

С неживым уровнем, да. Это только лишь закон о поведении земли, а потом будет и о растительном.

/6/ И БУДЕТ СУББОТА ЗЕМЛИ ВАМ В ПИЩУ, ТЕБЕ И РАБУ ТВОЕМУ…[6]

А дальше:

/8/ И ОТСЧИТАЙ СЕБЕ СЕМЬ СУББОТНИХ ЛЕТ, СЕМЬ РАЗ ПО СЕМИ ЛЕТ, И ВЫЙДЕТ У ТЕБЯ ВРЕМЕНИ СЕМИ ЭТИХ СУББОТНИХ ЛЕТ СОРОК ДЕВЯТЬ ЛЕТ.[7]

/9/ И ТРУБИ В ШОФАР В СЕДЬМОЙ МЕСЯЦ, В ДЕСЯТЫЙ ДЕНЬ МЕСЯЦА; В ДЕНЬ ИСКУПЛЕНИЯ ТРУБИ В ШОФАР ПО ВСЕЙ СТРАНЕ ВАШЕЙ.[8]

/10/ И ОСВЯТИТЕ ПЯТИДЕСЯТЫЙ ГОД, И ОБЪЯВИТЕ СВОБОДУ НА ЗЕМЛЕ ВСЕМ ЖИТЕЛЯМ ЕЕ; ЮБИЛЕЕМ БУДЕТ ЭТО У ВАС;…[9]

Мы уже говорим о пятидесятом годе. Здесь очень всё непросто.

---

6 Тора, «Левит», «Беар», 25:6.
7 Тора, «Левит», «Беар», 25:8.
8 Тора, «Левит», «Беар», 25:9.
9 Тора, «Левит», «Беар», 25:10.

Такова жизнь. Что сделаешь? Это законы природы. И они выражаются такими словами, как сказано: «Дибра Тора бэ лашон бней адам», то есть «Тора выражается человеческим языком».

Хотелось бы привести это к эмоциональному восприятию, чтобы попадало прямо в сердце.

Допустим, есть двое товарищей, один относительно другого находится в неизменном доброжелательном состоянии. И пытается держаться вопреки всем бурям, которые между ними проходят, всевозможным трагедиям, изменениям. Причем эти изменения могут быть на неживом уровне, на животном, на человеческом — на любом... Может быть, просто время действует или какие-то семейные трагедии, или какие-то общечеловеческие изменения условий в обществе. Какой-то внешний фактор производит между ними такие различия, что вдруг они не могут оставаться в прежнем состоянии друг с другом.

Или кто-то наговаривает одному на другого? А они должны держаться этого уровня, несмотря ни на что!

Абсолютно! Все проблемы покрывает любовь.

Это хороший пример, понятный. Это неживой уровень?

В котором проявились неживой, растительный, животный, человеческий. То есть все виды помех, которые они на себе прошли и всё равно остались между собой в постоянной связи. Они, благодаря этим приподнявшим их помехам, поднялись в этой постоянной связи и закончили на этом мир Асия.

Что такое – мир Асия?

Мир действия.

ГОД ПОКОЯ ДЛЯ ЗЕМЛИ

Глава «У горы» не простая, но очень важная. Она начинается с того, что получил Моше на горе Синай. Затем идет разговор о семи днях, о семи годах собирания урожая, о пятидесятилетии – Йовель. И вводится понятие «шаббат земли». С этим мы еще не встречались. Я прочитаю, и вы поясните.

/1/ И ГОВОРИЛ БОГ, ОБРАЩАЯСЬ К МОШЕ НА ГОРЕ СИНАЙ, ТАК: /2/ «ГОВОРИ С СЫНАМИ ИЗРАИЛЯ И СКАЖИ ИМ: КОГДА ПРИДЕТЕ В СТРАНУ, КОТОРУЮ Я ДАЮ ВАМ, ЗЕМЛЯ ДОЛЖНА ПОКОИТЬСЯ В СУББОТУ БОГА. /3/ ШЕСТЬ ЛЕТ ЗАСЕВАЙ ПОЛЕ ТВОЕ, И ШЕСТЬ ЛЕТ ОБРЕЗАЙ ВИНОГРАДНИК ТВОЙ, И СОБИРАЙ ПЛОДЫ ЕЕ ЗЕМЛИ. /4/ А В СЕДЬМОЙ ГОД СУББОТА ПОКОЯ БУДЕТ ДЛЯ ЗЕМЛИ, СУББОТА БОГУ: ПОЛЯ ТВОЕГО НЕ ЗАСЕВАЙ И ВИНОГРАДНИКА ТВОЕГО НЕ ОБРЕЗАЙ. /5/ ТО, ЧТО САМО ВЫРАСТЕТ НА ЖАТВЕ ТВОЕЙ, НЕ СЖИНАЙ, И ВИНОГРАДА С ОХРАНЯВШИХСЯ ЛОЗ ТВОИХ НЕ СНИМАЙ; ГОД ПОКОЯ БУДЕТ ДЛЯ ЗЕМЛИ.[10]

Шнат шмита, так называется этот год. И это очень просто. В принципе, у земли такого нет.

Но когда на этой земле существует народ, который подчиняется духовным законам, тогда и всё, что находится

---

10   Тора, «Левит», «Беар», 25:01-25:05.

под этим народом: и животный мир, и растительный, и неживой, то есть земля, – все начинает приобретать влияние, свойства этого же народа.

И поэтому нет земли Израиля без народа Израиля. Если сюда, на это место, приходит народ, то получается соответствующее упорядоченное явление – «народ Израиля в земле Израиля». И тогда земля имеет свои законы, как копия народа, людей.

И поэтому то, что происходит у людей, у народа, который здесь живет, то, что он отмечает раз в 7 дней особый день отдыха… Хотя суббота – это не отдых. Суббота – это, на самом деле, напряженный день. Это не то, что ты можешь проспать всю субботу, и все будет хорошо, нет.

Как говорится: «Ты не работай, а жди подъема миров».

Да, но это работа. Есть в субботу специальные исправления, которые человек должен делать, – работа, которую он должен производить в субботу. И ни в какой другой день он произвести ее не может. То есть это особое состояние.

И когда от человека это переносится с освящением на низшие слои: на животный, растительный и неживой миры (или части нашего мира), – тогда это трансформируется в другие определения. И уже неделя превращается в год. И у земли – это год плодородия, особый год, когда запрещена вся работа на земле.

Очень интересно, что в древнем Израиле, до нашей эры, до крушения Храма, соблюдалось это действие. И шестой год давал урожай на три года вперед.

«Не волнуйся, все получится у тебя, и тебе всего хватит». То есть на шестой год будет урожай на седьмой год, когда ты не можешь ничего делать, и на восьмой, пока ты не получишь новый урожай, – на все это время ты будешь обеспечен.

Хотя разум сопротивляется, он говорит: «Как так? Я должен каждый год собирать урожай. Как я могу вдруг перерыв сделать?!»

Имеется в виду такие духовные состояния народа, когда законы нашего мира уже не работают, уже подключаются к этому совсем новые свойства.

Из Вавилона вышло просто стадо. Группа. И группой назвать ее нельзя, просто Авраам их воспитывал.

И превратил в семью?

Превратил в единое общество. Назови это семьей – хорошо.

Потом между ними возник огромный эгоизм, так называемый фараон, – как будто, аллегорически они спустились в Египет. Но мы не говорим о географии и перемещении, и об исторических осях: 400 лет в Египте, 210 лет в Египте и так далее – нас интересует внутреннее состояние народа.

После того как в этой группе возникла огромная эгоистическая масса, тяжесть, когда они с трудом могли держать себя в каком-то виде вместе…

В принципе, не они держали себя вместе, а ненависть держала их. Египтяне, в среде которых они жили, ненавидели их, пренебрегали ими, понукали ими, и поэтому народ удержался как народ, отдельно. То есть потому, что никто его не принимал, потому что народ еврейский – «мерзость это в глазах египтян» – так сказано. И поэтому они держались. В египетском изгнании, и вообще в изгнаниях, мы держимся благодаря ненависти к нам, а не потому что между собой мы желаем быть вместе.

Ненависти между нами или ненависти к нам?

К нам.

То есть нас сжимает эта ненависть?

Да. И сами мы тоже, в соответствии с этим, находимся, если не в ненависти, то, по крайней мере, не в слиянии, не в единении между собой.

Выход из Египта и стояние у горы Синай – означает, что мы готовы оторваться от этой ненависти к нам, чтобы не она нас держала как народ, а чтобы мы сами себя держали как единое целое тем, что мы привлекаем на себя Высший свет. И он вопреки нашему эгоизму соединяет нас. Это и есть стояние у горы Синай. Это и есть выход из Египта, то есть мы продолжаем быть народом, но не вопреки ненависти между нами и к нам, а благодаря нашей взаимной любви друг к другу. Это и есть освобождение от рабства. И далее мы идем уже с этой идей вперед, то есть к тому, чтобы превратить себя именно в такую однородную, единую, сплоченную массу – как один человек с одним сердцем. Чтобы в нас во всех жила, наполняла только одна любовь к друг другу – «возлюби ближнего как себя». Это и есть достижение уровня Эрец Исраэль (Земли Израиля). Земля – потому что эрэц – от слова «рацон» (желание). Как только мы достигаем желания любви к ближнему, мы вступаем в землю Израиля.

И тогда практически начинают действовать все законы, все условия нахождения в этом желании, на этом уровне. Это значит быть вместе, как одно целое, подобными Творцу, наполняющимися Им, делающими из себя такое условие, такое единое желание, когда Он может в нас раскрыться по закону подобия свойств. Это условие и называется законами Торы. Такие правила существуют на этом уровне, между всеми нами. Не в каждом из нас – нет закона относительно одного человека, а только человека относительно общества и законы всего общества. По каким законам мы должны быть объединены друг с другом, чтобы превратить наше общее желание в полнейшее подобие Творцу. Такое состояние называется «Конец Исправления» (Гмар Тикун). Этого мы должны достичь. Об этом и говорится в Торе.

НЕ МЕШАЙТЕ ТВОРЦУ

Поясните, что же такое здесь «шесть лет обработки земли. Седьмой же день и год покоя».

Шесть лет обработки земли – это все шесть лет исправления нашего желания, когда мы все время пытаемся его исправлять, а седьмой год – когда это исправленное желание наполняется Творцом. И тогда нам не надо ничего делать – свет, который наполняет это желание, он его наполняет – полностью, так связывает между собой, расслабляет, властвует в нем, что для нас главное – не вмешиваться. То есть все наши, так называемые, «мицвот», действия должны быть направлены на то, чтобы не мешать Творцу наполнять нас, оседать в нас, связывать, укладывать нас вместе, как один единый пакет, когда все свойства творения – неживой, растительный, животный и человек – связываются одним единым светом в одно единое целое.

Это седьмой год?

Это и есть седьмой год. Поэтому он и называется «шаббат», то есть прекращение работы, освобождение от работы. Но это внутренняя работа, и очень сильная, только она совершенно другая.

Отмена?

Да. Отменить себя и ничего не делать, а предоставить все действие Творцу, когда ты идешь вместе с Ним, в полном соответствии с Ним, в полном единении с Ним. Ты работаешь, но твоя работа должна заключаться в таком «тактовом» едином выполнении. Вот это – сложная вещь.

Подготовка к такой субботе, когда вся толща твоего эгоизма, все шесть лет, которые ты его исправлял, уже приходит к седьмом году, – это же достижение ГАР – так называемых, высших ступеней, выше природы. После седьмого тысячелетия или после седьмого года – там все идет через тысячу лет, – приходит восьмое, девятое, десятое, то есть это уже идет бина, хохма и кетэр. То есть ты постигаешь разум Творца, Его планы и Его самого. Это уже самая высшая ступень.

И об этом, как вы говорите, не пишется, это называется «тайны Торы»?

Это тайны Торы.

Что значит тайны? После того, как ты постигаешь седьмое тысячелетие, твои представления, понятийный аппарат, осознания, поворачиваются настолько, что только тогда ты можешь понять, что значат эти три верхние ступени – восьмое, девятое, десятое.

Вы объясняете, как обрабатывается земля. Можно сказать, что эти шесть лет – вспахивания, подъема эгоизма?

Да, переворачивания.

И засев?

Засев, переворачивание. Ты переворачиваешь землю, ты туда засеваешь. Духовное зерно человека не может произрасти, если он свою землю, свои желания не перевернет. И это в течение шести лет.

А в седьмой год?

В седьмой год – этого не надо. Седьмой год – это наполнение светом того, что ты засевал.

То есть уже взошли ростки, теперь выходят плоды?

Нет, они выходят каждый год. Просто земля настолько тобою переработана в течение шести лет – это хэсэд, гвура, тифэрэт, нэцах, ход, есод – настолько переработана, что в седьмой год все, что ты накопил в своем эгоизме, готово к наполнению светом, и поэтому свет уже наполняет без твоей работы. И твоя работа заключается в обратном – ты должен помогать свету это сделать со стороны света, а не со стороны земли.

И еще вопрос: что такое «наполнение светом»?

Сложно объяснить. Это – когда желания человека по своему количеству и качеству полностью становятся подобными свету. Тогда он ощущает, что свет находится в нем.

На самом деле, свет и находился в нем, только сейчас он начинает это ощущать, потому что подготовился к этому, подготовил к этому свои органы ощущения, свое понимание. И тогда он видит, что и раньше он был в мире Творца, и все было наполнено светом – «нет никого кроме Него», – но сейчас он это ощущает, он это раскрыл. Это и есть седьмое тысячелетие.

Поэтому суббота – это «святой день», потому что это действительно конец, это цель, итог всей огромной работы, которую проходит человек для того, чтобы постичь Творца, раскрыть Его в себе.

Читаем дальше:
/6/ И БУДЕТ СУББОТА ЗЕМЛИ ВАМ В ПИЩУ, ТЕБЕ И РАБУ ТВОЕМУ, И РАБЕ ТВОЕЙ, И НАЕМНИКУ ТВОЕМУ, И ПОСЕЛЕНЦУ ТВОЕМУ, КОТОРЫЕ ЖИВУТ У ТЕБЯ. /7/ И СКОТУ ТВОЕМУ, И ЗВЕРЯМ, КОТОРЫЕ НА ЗЕМЛЕ ТВОЕЙ, БУДЕТ ВЕСЬ УРОЖАЙ ЕЕ В ПИЩУ.[11]

Всё, что относится к человеку, к его сосуду, который разделяется на части (неживую, растительную, животную, человеческую), который обладает шириной, высотой, в котором все соединено, как отдельные части матрешки, – это человек должен включить в свою работу. И когда он это включает в свою работу, он обязан подготовить свои желания таким образом, чтобы абсолютно все они были готовы к наполнению Высшим светом.

Это и есть раб, раба, скот и т.д.?
Да, это всё – части в человеке, – говорится только об этом, – наша внешняя скотина не чувствует ничего.

Мы этого еще не чувствуем. Но на самом деле, когда мы достигнем такого состояния, мы увидим, что все остальные части природы, которые существуют сейчас в

---
11 Тора, «Левит», «Беар», 25:06-25:07.

нашем ощущении, в постижении мира, вне нас – живая природа, растительная, неживая, – все они будут наполняться тем же светом, и все они, оказывается, существуют внутри нас, а не вне нас. И тогда мы будем видеть, что наш внешний мир и наш внутренний мир оказываются одним общим целым. То есть моя животная часть и животный мир вне меня, растительная часть и весь растительный мир вне меня, моя неживая часть и весь космос – все, что вне меня, на самом деле это все – одно единое целое.

И получается, что один единый человеческий образ, который мы создаем, соединяясь между собой, включает в себя все мироздание. И оно ощущается нами как одно единое целое. И нет деления на меня и на других, и нет деления на людей, животных, растения или неживую природу, а всё становится одним единым желанием, в котором начинает постигаться один единый Творец – единая сила природы.

И ОБЪЯВИТЕ СВОБОДУ НА ЗЕМЛЕ

Это какое тысячелетие?

Тысячелетие седьмое. А отношение к этому Творца, когда постигается в этом Творец и Его замысел, план, действие и исконное желание создать творение подобное себе – это уже три последующих тысячелетия: восьмое, девятое, десятое, – а потом это все замыкается в одно единое целое без разделения на тысячелетия, и творение выходит в другую область, которую мы не знаем совершенно. Но она существует, об этом есть намеки у каббалистов, но не более того.

Кто-нибудь постиг это?

Я не могу сказать, потому что не знаю. А то, что написано в книгах, то, что говорят книги, это то, что я нахожу в них – **я**!

Пойдем дальше.

/8/ И ОТСЧИТАЙ СЕБЕ СЕМЬ СУББОТНИХ ЛЕТ, СЕМЬ РАЗ ПО СЕМИ ЛЕТ, И ВЫЙДЕТ У ТЕБЯ ВРЕМЕНИ СЕМИ ЭТИХ СУББОТНИХ ЛЕТ СОРОК ДЕВЯТЬ ЛЕТ. /9/ И ТРУБИ В ШОФАР В СЕДЬМОЙ МЕСЯЦ, В ДЕСЯТЫЙ ДЕНЬ МЕСЯЦА; В ДЕНЬ ИСКУПЛЕНИЯ ТРУБИ В ШОФАР ПО ВСЕЙ СТРАНЕ ВАШЕЙ. /10/ И ОСВЯТИТЕ ПЯТИДЕСЯТЫЙ ГОД, И ОБЪЯВИТЕ СВОБОДУ НА ЗЕМЛЕ ВСЕМ ЖИТЕЛЯМ ЕЕ; ЮБИЛЕЕМ БУДЕТ ЭТО У ВАС…[12]

49 дней, от первого дня Песаха до вручения Торы (праздник Шавуот) – на пятидесятый день. Все это происходит в течение дней. То же самое происходит в течение лет, когда 7 раз по 7 лет – 49 лет, и 50-й год – это Йовель – так называемый, юбилейный год.

Интересно, Йовель – юбилей, почти совпадает по звучанию на русском языке. Так что же это такое – 50, 49? Объясните попроще.

Суббота и седьмой год – это когда ты исправляешь и исправил какие-то свои частные желания. Но существует «семь по семь» – это подъем из Малхут в Бину, и пятидесятый год – это сама Бина. И потому называется годом свободы – потому что Бина называется землей свободы – отмена всех долгов, возвращение земли к ее истинному хозяину. То есть существует некоторое исправление свыше,

---

12 Тора, «Левит», «Беар», 25:08-25:10.

которому мы должны подчиняться, которое возвращает всё в первозданное состояние. Это то, чего не достигло человечество. И поэтому мы постоянно в претензии друг к другу.

Нет возвращения земли в ее первозданное состояние, каким ее разметил Творец!

А Творец ее разметил очень просто: Он поставил условие перед Авраамом и перед Нимродом: «Кто идет по исправлению – за Авраамом? Кто идет по своему естественному, эгоистическому развитию – за Нимродом? Все нимродцы, кто идут за ним – расселяйтесь!» И они все расселились по Земле. Туда, куда они ушли и как расселились, это и есть первозданное их состояние. Потому что расселение происходит, когда человек выходит из своего места и идет, куда глаза глядят. «Куда глаза глядят» – это очень правильно сказано, то есть сердце куда смотрит. Там, где я нахожу подходящее мне свойство земли…

Люди чувствовали землю – не то, что мы сегодня. Сегодня еще так землю бедуины чувствуют. Они не могут жить в квартире. Бедуин должен чувствовать землю, которая под его ногами, сидеть на земле.

Это поражает современного человека.

А знатоки Востока говорят, что проблемы все в нас, в том, что мы «не сидим на земле». Человек должен быть связан с землей, с энергией земли. И поэтому бедуины не могут жить на пятом этаже, сидя на бетоне. Не могут!

Люди расселялись по своему истинному ощущению, где они должны бы жить. И если бы они приходили каждые 50 лет к такому состоянию, то не было бы ни у кого никаких претензий.

Как вы свели это к пятидесятому году?

Потому что в пятидесятый год вся земля возвращается ее истинному владельцу.

Никаких долгов, ничего! Не принимается во внимание абсолютно ничего. Вот этот кусок земли принадлежал той семье, – он должен туда вернуться. Всё.

ИНДЕЙЦЫ И ЕВРЕИ

Сколько существует вопросов между странами с пренадлежностью отдельных территорий – такой узел…

Это следствие того, что вообще происходит в мире. А индейцы не в претензии к Америке, что туда пришли всякие завоеватели?!

Они в претензии к евреям, они говорят: «Колумб был евреем». Недавно я встречался с ними в Эквадоре, в Перу. Они говорят: «Это евреи для себя искали землю». Так говорят индейцы! У них существует предание, что к ним приехали евреи для того, чтобы найти здесь место для поселения.

Мы все время возвращаемся к миссии народа Израиля.

Конечно. И это один из примеров. Никогда там не жили, ничего не было, а у них претензии.

ЮБИЛЕЕМ БУДЕТ ЭТО У ВАС; И ВОЗВРАТИТЕСЬ КАЖДЫЙ ВО ВЛАДЕНИЕ СВОЕ, И КАЖДЫЙ К СЕМЕЙСТВУ СВОЕМУ ВОЗВРАТИТЕСЬ. /11/ ЮБИЛЕЕМ БУДЕТ У ВАС ЭТОТ ПЯТИДЕСЯТЫЙ ГОД: НЕ СЕЙТЕ И НЕ ЖНИТЕ ТОГО, ЧТО САМО ВЫРАСТЕТ НА ЗЕМЛЕ, И НЕ СНИМАЙТЕ ВИНОГРАДА С ОХРАНЯВШИХСЯ ВАМИ

ЛОЗ. /12/ ИБО ЭТО ЮБИЛЕЙ; СВЯЩЕННЫМ БУДЕТ ОН ДЛЯ ВАС; С ПОЛЯ ЕШЬТЕ ПЛОДЫ ЕГО. /13/ В ЭТОТ ЮБИЛЕЙНЫЙ ГОД ВОЗВРАТИТЕСЬ КАЖДЫЙ ВО ВЛАДЕНИЕ СВОЕ.[13]

Если бы выполняли этот закон, если бы не разделились на Нимрода и Авраама, а выполняли бы законы, никаких претензий не было бы.

То есть пришел народ, сел на это место, всё – это место его.

И никто не пришел бы к нему с претензиями. Потому что они бы почувствовали, что это не их, что они не могут сидеть на чужой земле, она будет им во вред.

А что происходит сейчас – страшное смешение народов? Беженцы в Европе…

Великое переселение народов. Это исправление, это выявление эгоизма, насколько он не соответствует своему месту в таком состоянии.

В АРЕНДУ У ТВОРЦА

Мы продолжаем главу «У горы». В ней говорится о шести годах сеяния, седьмом годе покоя; о Йовеле, о том, что такое 50 – это подъем из малхут в бину.

А дальше происходит некий переворот:

/14/ И ЕСЛИ БУДЕТЕ ПРОДАВАТЬ ЧТО-ЛИБО БЛИЖНЕМУ СВОЕМУ ИЛИ ПОКУПАТЬ ЧТО-ЛИБО У

---

13 Тора, «Левит», «Беар», 25:10-25:13.

ГЛАВА «У ГОРЫ»

БЛИЖНЕГО СВОЕГО, НЕ ОБМАНЫВАЙТЕ ДРУГ ДРУГА. /15/ ПО ЧИСЛУ ЛЕТ, ПРОШЕДШИХ ПОСЛЕ ЮБИЛЕЯ, ПОКУПАЙ У БЛИЖНЕГО ТВОЕГО, И ПО ЧИСЛУ ЛЕТ УРОЖАЯ ОН ДОЛЖЕН ПРОДАВАТЬ ТЕБЕ.[14]

То есть, точно придерживаясь того, сколько он будет пользоваться этой землей.

Что значит «по числу лет»?

Я у тебя покупаю кусок земли, для того чтобы обрабатывать его и жить с него. Этот кусок земли я у тебя могу купить только до Йовеля.

Осталось, допустим, 20 лет до юбилея, я у тебя его могу купить на 20 лет. Ты мне не можешь его продать на больший срок или на меньший, потому что ты – не хозяин этого куска земли.

У человека появляется ощущение, что он – пришелец на этой земле, что земля не его, что вся земля – Творца, а ему – дана в аренду. Потому что земля олицетворяет собой наше желание: эрец – рацон – желание.

Что это в моем внутреннем понимании: как я могу свое желание продать?

О! Это очень просто! Ты можешь делать с ним всё, что угодно, для того чтобы получить с него правильный урожай, но знай, что в итоге ты должен вернуть это Творцу – правильное исправленное желание.

То есть я могу делать, что хочу, но с мыслью, что я все это возвращаю Творцу, что это не мое?

---

14   Тора, «Левит», «Беар», 25:14-25:15.

Да. Максимально используй, но знай, что итогом должно быть возвращение этого желания в виде отдачи к Творцу.

То есть возвращение в Бину?

Да. Юбилей – это значит полное соответствие Творцу.

А что означает:

И ЕСЛИ БУДЕТЕ ПРОДАВАТЬ ЧТО-ЛИБО БЛИЖНЕМУ СВОЕМУ ИЛИ ПОКУПАТЬ ЧТО-ЛИБО У БЛИЖНЕГО СВОЕГО, НЕ ОБМАНЫВАЙТЕ ДРУГ ДРУГА?

Что такое «обманывать»?

Человек сам себя обманывает. То есть имей в виду, что все это временно.

Если бы мы понимали, ощущали бы в каждом своем поступке и действии внутренний смысл – что всё преходяще, что всё временно, не придавали бы нашим действиям, нашим отношениям какую-то вечностную составляющую, а понимали бы всю зыбкость, всю эту условность, то нам было бы намного проще, легче.

Но мы прилепляемся к нашему маленькому, временному желанию, мнению, настроению, и считаем, что оно самое главное. Потому что оно во мне в данный момент работает, оно меня наполняет, это – мой маленький мир. А если бы я при этом включал в себя еще больший мир, еще большую сферу, и действовал относительно нее, даже находясь под своими маленькими желаниями, но все-таки с каким-то отношением, отсчетом с более высокой ступени, тогда бы я, конечно, действовал совершенно по-другому и чувствовал, и ориентировал бы себя по-другому.

Самое лучшее состояние человека, когда он не чувствует, что его тело – это его. Я уже не говорю о более внешних вещах.

И тогда у него есть только одна внутренняя точка, и ее он боготворит – в том смысле, что ее он должен присоединить к Творцу, приклеить к Творцу на его личное место. Вот это твоя земля, твоя площадь, твой кусочек, квадратик, на который ты должен себя прилепить. Это твое сочетание свойств правой и левой линии, всех твоих внутренних свойств, это твоя клеточка в общем теле.

Когда ты себя туда присоединяешь, тогда ты возвращаешься к своему источнику, на свое место. Это юбилей, конец всех исправлений.

Но это происходит, когда ты ощущаешь все общее тело. И свою задачу, и свое место. Только тогда ты можешь отыскать свое место относительно всех остальных таких же точек, таких же маленьких квадратиков, из которых собирается образ Творца, которого нет на самом деле. Мы его собираем своими исправленными желаниями, подстраиваем друг под друга, собираем как объемную фигуру. Это и есть наша работа.

Если бы человек постоянно понимал, что в этом его задача в каждый момент времени в нашем мире, конечно бы он по-другому ориентировался во всех своих действиях. И все его действия в нашем мире, с одной стороны, приобретали бы совершенно другой вес! И с другой стороны, он направлял бы их на постижение этого состояния. То есть они теряли бы свое мгновенное значение, но приобретали бы вечное значение. Человек отказывался бы от какой-то мгновенной местной выгоды или цели ради этой великой, вечной цели.

Он бы поступал совершенно по-другому! И каждый момент времени использовал бы не для того, чтобы в этот момент что-то быстро захватить, а сделать еще какой-то шаг, к своей вечной точке соединения с Творцом.

ДЕТСКИЕ ИГРЫ ЗАКОНЧИЛИСЬ

Уходят понятия: «мой дом», «моя работа», «мой участок», «надо передать детям»…

На всё есть законы. Теперь ты можешь понять, что такое законы Торы. Это когда тебе объясняется каждое твое действие: как ты должен ходить, бегать, одеваться, мыться, сидеть в туалете, общаться с людьми, с козами, неважно с чем. Объясняется, как ты должен производить каждое свое действие не в соответствии с тем, что хочется в этот момент и кажется необходимым, а в соответствии с тем вечным и совершенным состоянием, к которому ты должен приближаться, но ты его сейчас не знаешь, не видишь, не понимаешь. Для этого тебе даны указания, что, даже не понимая этого, ты идешь по такому курсу, и этот курс правильный.

Как в самолете под колпаком ты летишь и не видишь ничего. Ты летишь просто по нескольким приборам. И здесь тебе даны эти приборы, по которым ты себя направляешь на ту точку вопреки тому, что ты видишь и чувствуешь сейчас в своем состоянии, вопреки своим сегодняшним желаниям – эти два состояния, которые даны, они и регулируют человека. И они-то и называются выполнениями законов Торы.

Мы отдаемся временному состоянию и считаем, что это главное. И в этом вся проблема.

Ты себя погружаешь с головой, ты в нем пропадаешь, оно тебя просто засасывает.

Если ты хочешь выйти из него, то нужны особые силы. И естественно, это свыше дается человеку. Его вытаскивают немножко и дают ему возможность, он как бы находится посреди, в точке принятия решений: или опять в землю – или к небу.

Дальше говорится:

/15/ ПО ЧИСЛУ ЛЕТ, ПРОШЕДШИХ ПОСЛЕ ЮБИЛЕЯ, ПОКУПАЙ У БЛИЖНЕГО ТВОЕГО, И ПО ЧИСЛУ ЛЕТ УРОЖАЯ ОН ДОЛЖЕН ПРОДАВАТЬ ТЕБЕ.[15]

Это не очень понятно.

/16/ ЧЕМ БОЛЬШЕ БУДЕТ ЭТИХ ЛЕТ, ТЕМ БОЛЬШУЮ НАЗНАЧИШЬ ЕМУ ЦЕНУ, А ЧЕМ МЕНЬШЕ ЭТИХ ЛЕТ, ТЕМ МЕНЬШУЮ НАЗНАЧИШЬ ЕМУ ЦЕНУ, ИБО ЧИСЛО ЖАТВ ПРОДАЕТ ОН ТЕБЕ.[16]

Да, он продает тебе землю. Он продает тебе средства для выращивания урожая.

А что значит: ПО ЧИСЛУ ЛЕТ, ПРОШЕДШИХ ПОСЛЕ ЮБИЛЕЯ, ПОКУПАЙ У БЛИЖНЕГО ТВОЕГО?

Был юбилейный год. От него начинается новый отсчет. Вот вернулась моя земля ко мне. Всё. Наступают следующие 50 лет.

Я могу продать ее до следующих пятидесяти. Больше я продавать не могу. Юбилейный год – общий для всей страны. Все знают, что это юбилейный год. Тут никого не обманешь, никаких документов не надо. Так и производился

---

15 Тора, «Левит», «Беар», 25:15.
16 Тора, «Левит», «Беар», 25:16.

отсчет, что, допустим, сегодня сороковой год от юбилея. И дальше мы отсчитываем. Причем не надо отсчитывать тысяча девятьсот седьмой или две тысячи десятый, пятнадцатый. Не надо этого отсчитывать!

От юбилея до юбилея надо считать, больше ничего. Потому что все возвращается на круги своя. Так что, очень просто.

Чувствуется в этом огромная глубина, но это совсем непросто.

Если ты подключен к Творцу – к общей силе природы, то ты знаешь, что действуешь согласно этой силе. И сегодня мы снова начинаем ощущать, что находимся под воздействием этой силы, и у нас нет никакого выбора. И мы ни над чем не властвуем, и все наши детские мысли о том, что мы – якобы хозяева природы и возьмем у нее все силой – все эти детские игры уже закончилось. Сегодня мы начинаем понимать, что мы остались без мамы с папой, заброшенные в какой-то песочнице, и не знаем, что дальше делать в этой песочнице – так напачкали, что уже и играться в ней невозможно.

Мы сможем это понять?

Поймем. Поймем.

Дальше:

/19/ И БУДЕТ ЗЕМЛЯ ДАВАТЬ ПЛОД СВОЙ, И БУДЕТЕ ЕСТЬ ДОСЫТА, И БУДЕТЕ ЖИТЬ СПОКОЙНО НА НЕЙ.[17]

---

17   Тора, «Левит», «Беар», 25:19-25:20.

Почему? Потому что в соответствии с общей программой природы так устроен мир, и поэтому у тебя будет точно в соответствии с этой программой.

Если ты будешь соответствовать ей?

Да. Настрой себя в соответствии с программой огромного организма природы так, чтобы он на тебя благотворно действовал: и на здоровье, и на семью, и на животных твоих, и на урожай, и на все. Пожалуйста. Перед тобой природа, это огромный механизм. Как ты будешь с ним взаимодействовать, так тебе и будет дождик капать, солнышко светить.

МЕЛОДИИ ВЫСШИХ СФЕР

Мы на себя слишком много взяли...

«Много взяли»: если бы мы вообще понимали, что мы берем.

Это как огромный музыкальный инструмент, возьми его и настрой! Все будет звучать в гармонии! Ничего больше не надо. Маленькое приложение усилий. Потому что основное усилие – чтобы понять, как быть в гармонии. А после этого ты касаешься нескольких струн, и у тебя идет музыка.

А так – какофония.

Да. Точно.

/19/ И БУДЕТ ЗЕМЛЯ ДАВАТЬ ПЛОД СВОЙ, И БУДЕТЕ ЕСТЬ ДОСЫТА, И БУДЕТЕ ЖИТЬ СПОКОЙНО НА НЕЙ. /20/ А ЕСЛИ СКАЖЕТЕ: ЧТО ЖЕ БУДЕМ ЕСТЬ В

СЕДЬМОЙ ГОД, КОГДА МЫ НЕ БУДЕМ НИ СЕЯТЬ, НИ СОБИРАТЬ УРОЖАЯ НАШЕГО? /21/ ТО ЗНАЙТЕ: Я ПОШЛЮ ВАМ БЛАГОСЛОВЕНИЕ МОЕ В ШЕСТОЙ ГОД, И ОН ДОСТАВИТ УРОЖАЙ НА ТРИ ГОДА.[18]

То есть будьте спокойны? Перестаньте мыслить?

Если ты соблюдаешь все это, у тебя нет проблем, ты находишься под законом природы. А когда ты уходишь в эгоизм и начинаешь действовать сам, ты можешь надеяться на три года вперед на урожай?

Нет.

Ты представляешь, что это будет? А если в шестой год будет урожай так сяк, средненький, то что ты будешь есть в седьмой год? Ничего. А в восьмой? И тебя не будет уже. Тогда же люди вообще зависели полностью от того, что они получали от земли.

Эти три года – что это такое? Почему я могу быть спокоен, если буду соответствовать этому?

Если ты наполнил все свои: хэсэд, гвура, тифэрэт, нэцах, ход, есод – если ты исправил свои желания, то все они концентрируются между собой в сфире есод, и она переходит в малхут и поднимает малхут до бины. И поэтому нет никаких проблем существования в малхут. Малхут – это, в общем, то кли, в котором ты живешь в течение трех лет.

---

18   Тора, «Левит», «Беар», 25:19-25:21.

ГЛАВА «У ГОРЫ»

ВСЕ МЫ ПРИШЕЛЬЦЫ И ПОСЕЛЕНЦЫ

Еще важная добавка:
/23/ А ЗЕМЛЯ НЕ МОЖЕТ БЫТЬ ПРОДАНА НАВЕКИ, ИБО МОЯ ЗЕМЛЯ; ВЫ ЖЕ ПРИШЕЛЬЦЫ И ПОСЕЛЕНЦЫ У МЕНЯ.[19]

То есть Я дал вам всем желание, чтобы вы его исправили, сдал его как бы в аренду. Оно дано тебе, чтобы исправить, а не распоряжаться им как угодно, – только для этой цели!

/24/ ВО ВСЕЙ СТРАНЕ ВЛАДЕНИЯ ВАШЕГО ДОЗВОЛЯЙТЕ ВЫКУП ЗЕМЛИ.[20]

Да, и не может быть иначе.

ЗЕМЛЯ НЕ МОЖЕТ БЫТЬ ПРОДАНА НАВЕКИ, ИБО МОЯ ЗЕМЛЯ; ВЫ ЖЕ ПРИШЕЛЬЦЫ И ПОСЕЛЕНЦЫ У МЕНЯ.

Всегда, заключая сделку, ты обязан понимать, что покупаешь только во временное пользование, в аренду. Нет покупки самой земли, есть аренда земли. Это значит, что ты можешь с ней какое-то время работать.

То есть вообще нет ничего вечного, все принадлежит не нам. Нет дома у нас на этой земле, нет ничего нашего.
Абсолютно ничего!

Я не могу купить, передать своим детям, внукам и так далее…

---

19   Тора, «Левит», «Беар», 25:23
20   Тора, «Левит», «Беар», 25:24

Нет ничего. Ничего.

Тогда получается, что нет земли, где селились народы?

Есть! Но она возвращается к своему хозяину. А хозяин – это тот, который по корню своей души находится на этом участке.

Это касается народов, которые расселились на Земле из Вавилона. А относительно Израиля это расселение дано в Торе: где селиться каждому колену, и для каждого колена определяется участок, также определяется участок для каждой семьи, и это навечно.

Почему?

Потому что внутренние свойства этого семейства или этого колена соответствуют свойству земли.

То есть так идет исправление желания?

Да.

Только по соответствию этому свойству? А то, что исчезли десять колен?

Подожди! Мы сегодня вообще ничего не знаем! Сегодня никто из нас не находится на нужном уровне.

И на нужном месте?

Да.

Читаем далее:

/25/ ЕСЛИ ОБЕДНЕЕТ БРАТ ТВОЙ И ПРОДАСТ ЧАСТЬ ВЛАДЕНИЯ СВОЕГО, ТО ПУСТЬ ПРИДЕТ ЕГО БЛИЗКИЙ РОДСТВЕННИК И ВЫКУПИТ ПРОДАННОЕ БРАТОМ ЕГО. /26/ А ЕСЛИ НЕКОМУ ЗА НЕГО ВЫКУПИТЬ,

ГЛАВА «У ГОРЫ»

НО САМ ОН БУДЕТ ИМЕТЬ ДОСТАТОК И НАЙДЕТ, СКОЛЬКО НУЖНО НА ВЫКУП, /27/ ТО ПУСТЬ ИСЧИСЛИТ ОН ГОДЫ, ПРОШЕДШИЕ СО ВРЕМЕНИ ПРОДАЖИ СВОЕЙ, И ВОЗВРАТИТ ИЗЛИШЕК ТОМУ, КОМУ ОН ПРОДАЛ, И ВСТУПИТ ОПЯТЬ ВО ВЛАДЕНИЕ СВОЕ.[21]

Короче говоря, надо добиваться того, чтобы земля возвратилась к ее истинному хозяину. Тут не говорится, чтобы забирать обратно силой: должны быть договора, которые четко предусматривают все эти вопросы. А сложности потому, что говорится о человеке и его желании, а не о куске земли. И сложность в том, что значит «сдать в аренду». Кому-то я свое желание сдаю в аренду?!

И он работает над этим? А что мне от этого? Как он платит? Есть люди, которые могут исправить мое желание на уровне, допустим, сельскохозяйственных духовных работ. А есть те, кто могут получить с этого какую-то выгоду, потому что у них есть земля, сдав свои желания другим, чтоб они работали и получали. Что это значит вообще «передавать свои желания в аренду другому»?

Вот в этом сложность.

Думай не эгоистически! Как люди относятся друг к другу, чтобы вместе достичь исправления? Каким образом они покупают и продают? Каким образом они соединяются друг с другом? Каким образом они включаются друг в друга, чтоб достичь пятидесятого года?

---

21 Тора, «Левит», «Беар», 25:25-25:27

Я И ВЕСЬ МИР

Если все равно нет ничего моего, и я, так или иначе, направлен к этому пятидесятому году, то у меня одна цель – дойти до Храма, до Бины.

Если у меня цель дойти до Бины, то я не обращаю внимания, что там пьяные лежат, что вот грязная улица – для меня существует только эта цель…

Нет, ты не можешь до нее дойти, если ты не будешь смотреть по сторонам.

Почему?

А потому что достичь Бины – это значит быть включенным вместе с ними, притащить их всех на себе. А как же?! А где же твое свойство отдачи? На ком, на чем ты его вообще культивируешь, организуешь, растишь?

Это же не ногами идти к той Бине, это значит «создавать ее в себе». Ее не существует вне тебя.

То есть мой подъем возможен только, если я включаю в себя и как бы перерабатываю все это.

Конечно! Всё, что в тебе есть, ты должен организовать так, чтобы получил из этого свойство Бины. Это значит, что ты дошел до нее, внутренне дошел до этого состояния, которого нет, которое ты сделал сам, и которое вне тебя вообще нигде и никак не существует, потому что весь мир – во мне.

Так как же я могу бросать этих пьяниц в грязи, если я это все не исправляю? Это же всё – мое, это всё – я! И только тогда я достигаю Бины.

Это серьезная добавка.

Да. И если это делать взаимно, то это все очень легко. Самое главное – достичь взаимности.

Первая ступень – самая тяжелая. А затем все намного легче и проще. И все намного тяжелее. Одновременно. Каждый, кто выше другого, у него больше и желания, и помехи, но зато, с другой стороны, у него существует уже внутренняя инструкция, он понимает, лучше ориентируется. Но одновременно и запутанности и проблем, соответственно, больше.

Еще раз определим некоторые понятия, которые прошли. Что значит «моя земля»?

Мое желание, которое я должен исправить. Я его исправить сам самостоятельно не могу, я должен его исправить в сближении, в с соединении с другими.

Другие – это части моей души, но кажутся мне другими людьми, вне меня.

И я могу к ним относиться, как будто их не существует, или они далеки, не относятся ко мне. А могу относиться к ним по-другому: нет, они во мне, они существуют, они мои личные свойства, которые таким образом проявляются вне меня, вокруг меня, проецируются в моем сознании для того, чтобы дать мне возможность более широко, более свободно с ними взаимодействовать, чтобы я видел все свои и их свойства в противоположности друг другу.

Если это во мне, то я это люблю или как-то с этим мирюсь. А если в ком-то другом, то я не мирюсь и не готов с этим сближаться. Поэтому такое видение своих внутренних свойств в виде миллиардов людей вокруг меня мне помогает. Оно позволяет мне увидеть все мои внутренние противоречия, неточности, погрешности, как через увеличительное стекло. И я тогда могу правильно себя исправить с точностью до последних микронов! Потому что если человек находится вне меня, я чувствую любое малейшее несоответствие между нами, и я себя не обману! А если это во мне, то я готов согласиться со всем что есть и никогда не смогу себя исправить. Поэтому я вижу себя вывернутым наизнанку. То, что я в них не люблю, на самом деле так и надо – не любить, только внутри себя.

То есть я всё это должен проглотить? Чтобы вошло в меня?

Да. Но чтобы ты так и не любил эти свойства.

Еще несколько пояснений. «Моя земля». Что такое «сдать в аренду мою землю» и что такое «продать мою землю»?

Прикрепиться к другим, чтобы вместе с ними, якобы посторонними, исправить эту землю, потому что иначе ты ее сам не исправишь. Ты можешь ее исправить, этот неживой кусок твоего желания, которое называется «землей», ты можешь исправить, если ты соединишься с этим человеком, и вместе с ним вы будете хозяевами, временными хозяевами, на этой земле. Ты должен будешь принять его желания, а он принять твои желания как совместные. И таким образом вы эту землю обработаете.

То есть всё устремлено на любовь к ближнему, на соединение с ближним, пока этот ближний и ты не становитесь одним общим целым.

И на это направлены все законы?

Да.

Все становится вдруг понятно.

На некоторое время…

ТРАМВАЙ ЖЕЛАНИЙ

Законы, о которых говорится в этой главе очень сложные: какие-то закрученные выяснения…

Это все равно невозможно объять ни вширь, ни вглубь. Потому что законы Торы – это то, что человек постепенно раскрывает, «раскапывает» в себе. Это наша внутренняя огромная духовная психология.

Из чего мы состоим? Желание! Желание насладиться, наполнить себя знанием, впечатлением, умением – неважно чем, в общем, наслаждением, наполнением. И только в той мере, в которой человек становится к этим самым желаниям чувствителен, он понимает, о чем говорят эти желания, которые вдруг в нем возникают. А раньше их не было.

Вот так ребенок растет. Сначала ему неважно, что вокруг него, он может что-то делать в комнате, никого не замечая. Потом вдруг становится стеснительным, прячется куда-то, как-то иначе смотрит на нас. Потом становится любознательным на следующем этапе. То есть уже копается где-то, разбирает что-то. Потом начинает задумываться о жизни, рассматривает все в новом свете и так далее.

Это его желания все время растут, расширяются и приобретают совершенно новые формы, образы.

То есть держит всегда желание?

Желание. Только желание.

И мы исследуем эти желания – неосознанно или уже осознанно, психологически. И пытаемся понимать, для чего они, что они нам дадут, надо их реализовывать или нет, должен ли я им слепо следовать, или я должен их сдерживать, как-то ими управлять и так далее.

А затем мы уже приходим к пониманию того, что эти желания, в общем-то, можно развить до такой степени, что мы начнем через них ощущать не только наш мир в правильном, в зрелом виде, но и начнем подниматься к источникам этого мира, к тем силам, которые им управляют.

Но для этого нам надо стать на уровень уже тех желаний, которые захотят ощутить, познать управляющие силы. И тут проблема. Потому что управляющие силы, на самом деле, имеют совершенно иную природу, чем тот материал, которым они управляют.

Материал, которым они управляют, – наши желания – это желания насладиться, наполниться – себе, себе, себе. Созданы эти желания таким образом, что ими легко управлять: показал что-то сладкое – он бежит к тебе, показал что-то угрожающее – он бежит от тебя. И всё! Ничего нет – плюс-минус.

Так мы проявляем себя – только на разных этапах, в разных сценах и в разных комбинациях между этими силами. Только плюс и минус – из этого состоит весь мир и управление нами.

А силы, которые нами управляют имеют противоположную природу. Они имеют природу не эгоистическую: что хорошо мне – привлекает меня, я за этим бегу, что плохо мне – это отталкивает меня, и от этого я убегаю. Силы, которые нами управляют абсолютно противоположны.

Тоже очень просты сами по себе, но они направлены только «ради блага Управляющего».

Он желает нас привести к Своему подобию. Я же желаю всё познать в этом мире, я желаю взять его и эгоистически в нем работать. Но как только у меня появляется желание приподняться на уровень управления этим миром, тут я натыкаюсь на какую-то закрытую зону. Я не понимаю систему управления, я не понимаю план, претворение этой идеи – ничего не могу понять. Потому что она – противоположна мне.

И здесь мне надо сделать над собой особое усилие, произвести особую инверсию, чтобы начать понимать, ощущать то, что не в моей природе, а обратно ей. И эту инверсию во мне можно произвести, только если я заставлю управляющие силы не управлять мной, а сделать меня таким, чтобы я понимал их управление. То есть я должен перестать просто так подчиняться им, «встать в позу», я как бы объявляю забастовку – не желаю подчиняться. Я желаю понять их природу, выяснить, что они от меня хотят. Я хочу подчиняться им осознанно, только лишь в той мере, в которой я понимаю, знаю, солидарен с ними.

Когда начинается этот бунт?

Когда в человеке возникает настоятельный вопрос о смысле жизни.

Как он возникает?

По мере нашего эгоистического исторического развития эгоизм сам приводит нас к такому состоянию, которое возникает в нас вследствие всевозможных ударов, неприятностей. Осознание этого состояния приходит, когда мы – желания насладиться – вдруг видим, осознаем, что насладиться не можем. В современном мире мы пришли к состоянию, когда нам наслаждаться не от чего, со всех сторон на нас сыплются проблемы, все человечество вместе и каждый в отдельности по-своему видим, что мы просто окончательно и полностью запутались.

То есть у меня уже нет желания?

В итоге у меня нет желания. К чему они? Я вижу, что все мои желания кончаются плохо, и поэтому я вообще перестаю заниматься их реализацией. Я сижу и ничего не делаю. Из этого состоянии я вижу, что самое полезное – ничего не предпринимать.

Я вижу, что все мои пути, которые я раньше выбирал, и мне казалось, что это великие пути: развитие науки, знания, образование, воспитание человека, повышение производительности труда, исследования космоса – никуда не ведут, я в итоге разочаровываюсь. Прихожу к состоянию, когда я вижу, что всё потраченное мной на это время, средства и смерть многих поколений ни к чему не привели. Ничего от этого у меня не остается. В итоге, всё мое развитие сводится к одному единственному результату – всеобщий, всемирный хаос. Это то, что есть сегодня.

В какой момент возникает ощущение, что кто-то водит меня?

Оно возникало у отдельных людей еще и раньше, и в хорошие времена, бюргерские, например, когда все живут и радуются жизни.

А сегодня оно возникает уже у масс, потому что проявляется ощущение подневольной жизни. Поневоле живешь, поневоле умираешь, и тут возникает вопрос – а зачем? Этот вопрос не праздный, он возникает в результате нашего развития. Это не потому, что я хочу еще что-то познать интересное. Нет, уже сама природа наших желаний вызывает у меня такую потребность.

ИТАЛЬЯНСКАЯ ЗАБАСТОВКА

Допустим, я уже начинаю общаться с Тем кто меня водит, и я бунтую. Что происходит после этого бунта?

Это даже не бунт, это пассивная забастовка, итальянская забастовка – ничто во мне не вызывает интерес. Я понимаю, что чем бы я ни занимался, в итоге это ничего не даст.

И поэтому мы видим, как человечество опустошается, слабеет, руки опускаются, никаких особых планов, надежд – ничего. Люди не хотят жениться, выходить замуж, рожать, воспитывать детей. Ничего не хотят: дай мне пособие – и будь здоров. Дай существовать моему животному телу. Включи еще тысячу программ по телевидению, и я буду вставать, включать свой ящик, покурю что-нибудь веселящее и опять спать, снова вставать к телевизору, к сигаретке, и всё.

Как у человека возникает ощущение, что он хочет быть, как управляющий? Откуда возникает эта мысль? Вдруг огонек какой-то зажигается в темноте?

Ощущение возникает потому что наши желания имеют свое особое, историческое, диалектическое развитие.

То есть, так или иначе, оно приводит к этой точке?

Да, обязательно. Мы обязаны развиться до того состояния, когда мы разочарованы в нем, но нашли вот такое состояние: дай мне пособие, дай мне минимальное успокоение. И всё. И именно в этом состоянии разочарования от прошлого и успокоения в каком-то маленьком мирке все-таки возникает – подсознательно, подспудно – ощущение, что в этой жизни смысл есть, но нет его во мне. И эта червоточинка начинает меня точить изнутри. И я становлюсь более чувствительным даже не к поиску еще, а где-то подсознательно я чувствую в себе формирование нового желания: как на самом деле раскрыть тайну жизни.

Не может творение быть таким ничтожным, оно все-таки слишком чувствительно. Не создает природа ничего зря, и ничего не исчезает понапрасну. Папоротниковые леса переродились во что-то. Во что мы должны переродиться?

Мы являемся тупиковой ветвью развития? Нет такого. Все-таки то, что в нас заложено, вызывает во мне ощущение, что какой-то прорыв должен быть. Сосет меня это изнутри, но я еще этого не нашел.

Вы ведь занимались точными науками. И вдруг такой романтик.

Злой романтик.

Не то, что романтик, вы вдруг – лирик. Вы говорите: «Подсознательно… вдруг я ощущаю, что чего-то не хватает…».

Я передаю, в общем-то, подсознательные чувства человека.

Мне интересно, как вы, ученый и человек точных наук, вдруг пришли к этой внутренней тоске?

А потому что это наука о желаниях – это тоже наука! И получается так, что если мы наши желания не будем правильно развивать, то у нас не будет инструментов для познания мира – к этому я и пришел.

И в этом есть логика или это выше?

Я думаю, что сегодня она абсолютно ясна.

Потому что ученые находятся в тупике, и этот тупик приводит их к вопросу о познании. И вся наука сегодня утыкается в вопрос о познании: что это за мир, в котором мы находимся? Видим ли мы его правильно? Где вообще пределы нашего познания? Где совпадают все теории?

И оказывается, что мы всё исследовали, но не исследовали инструмент познания, коим является человек.

Что это за Вселенная, которую он воспринимает, как он воспринимает себя, инструменты, с которыми он работает. Что такое наше сознание? Какое оно? Почему оно создано именно таким образом, а не другим?

То есть развитие внешней науки привело его к вопросу о познании самого себя. Почему мы сделали себе именно такие инструменты познания, как телескоп, микроскоп и другие «расширители» познания? И мир кажется уже другим. Каким? Здесь мы и сталкиваемся с тем, что человека-то мы и не знаем. И мы должны в первую очередь обратить внимание на человека.

Почему я так исследую этот мир, эту непонятную огромную голограмму? Может быть, просто мои чувства, мой разум таким образом созданы. И очень ограничено – я нахожусь в огромном пространстве со множеством вложенных друг в друга миров, и непонятно, откуда и как я это все наблюдаю. То есть всё привело меня обратно к человеку.

И я вдруг начинаю исследовать эти миры и голограммы в себе?

Да, потому что я начинаю ощущать, что я должен быть объектом познания, а не окружающий меня мир. Да и существует ли он вообще?! Мы пришли к не материалистической идеологии, а обратной, и здесь нам необходима именно наука каббала.

Критический момент, когда вектор развернулся – я изучал мир, а сейчас я начинаю изучать себя, – наступил для человечества именно сейчас?

Да.

НАСТРОЙТЕ ВАШИ ДУШИ

И теперь скажите, где здесь место Торы?

Тора рассказывает о процессе самопознания человека. И весь ее рассказ – это не более чем настройка. Как мы настраиваем инструмент. Нам надо себя настроить в гармонии, в ладу с чувствами и разумом, чтобы начать воспринимать на своих струнах души настоящую истинную Вселенную, в которой ты находишься.

И она абсолютно не такая, как ты ее сейчас себе представляешь. Сейчас ты настроен, допустим, на какую-то одну струну, которая ни с чем не связана, а в гармонии между струнами ты начинаешь воспринимать то, что существует вокруг тебя. Надо, чтобы ты внутренне начал играть, чтобы Вселенная начала играть в тебе. Когда ты настроишься в унисон с ней, тогда она начнет играть.

Ты должен просто настроиться. И тогда ты начнешь чувствовать мелодию этой Вселенной. И начнешь ее воспринимать, и в тебе тогда раскроется настоящее видение, видение того пространства, в котором ты существуешь. И ты поймешь, что этого пространства на самом деле нет, что на самом деле оно все в тебе. И вообще – пространства как такового не существует, время равно нулю, движения нет.

Покой?

Абсолютный покой. Если говорить относительно нашего мира. А все, что происходит, происходит на этаж выше – на следующем уровне.

То есть лишь в познании существующей, единственной силы, которая находится против тебя. И ты эту силу должен начинать ощущать. Ты должен быть настроен на нее совершенно по другому принципу: устремляться к раскрытию ее, как единственно существующей. А весь твой мир со всем, что ты себе представляешь в нем, – это всё следствие воздействия на тебя этой силы. И по мере приближения к этой силе ты все меньше и меньше ощущаешь мир, а все больше и больше ощущаешь эту силу и ничего более.

То есть все твои состояния, называемые «миры», и твое собственное существование, все это превращается постепенно в одну единственную точку, которая ощущает эту одну единственную силу.

И к этому направлено наше развитие.

Сегодняшнее общее состояние человечества нас к этому ведет, оно и является тем переломным моментом, когда мы начинаем понимать, что снаружи, в нашем мире, нам нечего делать, нечего менять. Мы уходим в наши гаджеты, в компьютеры – в виртуальные пространства. Мы стремимся сегодня представить себя существующими в паутине.

И наши связи мы готовы осуществлять через это виртуальное пространство, то есть мы желаем чувствовать в нем всё. Когда человек все время сидит в своих телефонах и компьютерах, он подсознательно не хочет и их – он хотел бы жить в самой паутине, в сети этих связей. Даже без этих прикладных инструментов, приспособлений. К этому мы устремляемся. Это именно такое, переходное поколение.

И Тора – это настройка на виртуальное, настоящее пространство?

Да. В нас существует точка, которая желает осознать, ощутить, понять, воспринять управляющую нами силу, единственную, которая существует, кроме него самого, кроме человека. Если человек хочет на нее настроиться, начинать раздвигать эту точку, чтобы внутри нее образовались всевозможные чувства, восприятие этой силы, – для этого и существует Тора.

Тора из точки начального желания, просто желания, развивает его во всевозможных направлениях, создает такую сферу, внутри которой я начинаю ощущать эту управляющую силу. Вся эта сфера представляет собой мое восприятие этой управляющей силы. Кроме моей исконной точки и этой сферы, включения в меня этой силы, ничего больше нет. Таким образом я достигаю слияния с этой управляющей силой – слияния человека с Творцом.

Чтобы создать во мне эту сферу, ощущение этой силы, сознательно привести меня к этому, дать мне возможности устремления, ускорения, собственных движений к этому – для этого существует Тора.

Вы говорите: Я – напротив управляющей силы.

Это и есть точка контакта.

Как это связано с обращением к Моше на горе Синай «Говори с сынами Израиля…»?

Моше – это и есть точка во мне, которую я хочу закоротить на Творца, а народ – это все мои желания. Ничего не существует, кроме меня и Творца. Народ – это все мои желания, которые я должен развивать определенным образом. И исходя из моего желания соединиться с Творцом, я должен преобразовать остальные свои действия, разум, силы в такую систему, которая будет подобна Творцу. Я и должен воспринять от Него этот сигнал, как это сделать.

Поэтому Моше и является представителем народа. Контактирует, с одной стороны, с Творцом, с другой стороны – с народом. То есть со всеми своими свойствами, которые должен привести в соответствующий порядок, настроить себя на Творца.

СТАКАН НА СТОЛЕ И ЗЕРКАЛО НА СТЕНЕ

Тора говорит только в одном лице. В единственном лице она обращается к человеку и все, что она говорит, находится внутри человека.

Весь мир находится внутри человека. Творец находится между нами внутри человека, и Моше находится внутри человека, и народ находится внутри человека.

Человек должен просто привести в порядок все эти внутренние элементы. Потому что, что бы я ни чувствовал, я чувствую в себе! В себе!

Я могу тысячу раз сказать, что этот стакан существует вне меня. Как вне меня он может существовать, если я его ощущаю? Как я его ощущаю? В себе. Нет, я ощущаю его на столе! Как ты можешь его ощутить на столе? Значит, и стол ты чувствуешь в себе, и стакан на столе ты чувствуешь в себе. И получается, что всё, что говорится, и вообще весь наш мир – это все во мне. И Творец в том числе.

И поэтому мы, когда изображаем в каббале Творца, то изображаем коронку буквы юд. И потом – юд-кэй-вав-кэй – четыре стадии от этой точки уже в развитии желания. И окончательное желание – это четвертая стадия его развития, которое мы ощущаем на самом деле, серьезно, правильно ощущаем, зрело. Но, в принципе, это исходит из самой начальной точки.

Как наша Вселенная появилась в результате маленькой точки, в которой была вся энергия, которая до сих пор питает всю Вселенную, в том числе и меня сегодня, и тебя, и всех нас. Одна единственная точка, в которой была вся энергия, вся информация, вся материя Вселенной.

Эта точка – начало буквы юд?

Да. В нашем виде это начало буквы юд. И из нее, из ее взрыва, то есть взрывным методом, начала распространяться вся Вселенная. Всё, что затем произошло – произошло из нее.

И всё, что я ощущаю, это все находится во мне! Поэтому Тора так и говорит: «Человек – это маленький мир, в нем существует всё».

Это не просто микромир или микрокосм. Это вообще всё, что бы мы ни ощущали. И поэтому сегодня наука, приходит снова к человеку и снова начинает изучать его – его возможности, особенности восприятия. Потому что все, что нам казалось, что мы исследуем вне нас, – на самом деле мы исследуем в себе.

И сегодня, если мы не поймем, каким образом мы воспринимаем то, что мы воспринимаем и исследуем, мы не сможем никуда дальше продвинуться. Даже смысл собственной жизни понять, как дальше существовать, не сможем. Поэтому все науки в ближайшее время придут к науке каббала.

И они никуда не денутся. Просто станет очевидно, что без этих знаний у нас не существует нормальной базы, с которой мы можем правильно отнестись к любому познанию, ощущению, понятию. Теория познания – это я.

Вы сказали – «Творец во мне» – очень четко. И еще другую фразу: «Творец – Он в связи между нами». Пожалуйста, соедините это. Здесь есть какая-то дилемма.

Нет дилеммы. Потому что, как я могу найти Творца? Как я могу увидеть себя?

Только в зеркало или в сравнении.

Необходимо зеркало. То есть, чтобы увидеть себя – мне необходимо нечто извне. А измерить себя? Хороший, плохой, сильный, слабый?

Нужно что-то, относительно чего я могу себя измерять…

То есть мне необходимо ощущать какие-то другие свойства – человека вне себя. А если мне надо себя изменять? Тем более мне необходим какой-то эталон.

Мне необходимо постоянно контролировать себя. Возможно, мне нужен не один человек, а мои родные, близкие, потом более далекие, а еще противники, ненавистники, эти добрые, эти коварные – то есть мне нужно все человечество, чтобы в итоге правильно себя сориентировать.

Я должен себя правильно настроить на связь с Творцом. И мне необходимо всё – вся неживая, вся растительная, вся животная природа и все человечество! Если я сквозь них себя настрою так, что буду относительно них вести себя абсолютно добрым, правильным путем, тогда я точно увижу сквозь них Творца.

Все эти свойства во мне, поэтому я их вижу, ощущаю. И таким образом, только через доброе отношение к ним, я настроюсь на то, чтобы увидеть Творца. Потому что Творец – это совокупность всей доброты, всего Высшего, отдачи, любви.

Эта задача выполнима? Сразу представляется все человечество, вся природа, все камни, небеса, космос...

Она выполняется очень просто. Ты должен убедить все свои внутренние свойства: неживые, растительные, животные и человеческие, которые представляются тебе окружающими неживой, растительной, животной, человеческой природой, в том, что это – самая лучшая возможность существования. Если ты их убедишь в этом, значит, ты достиг этого состояния.

Это лучшее существование? То есть существование в добре?

Во взаимной любви. Если ты их убедишь, то есть исправишь эти свои свойства, которые кажутся тебе существующими снаружи и не в тебе, – значит, ты себя исправил.

То есть так я могу работать даже с кажущимся врагом?

Да, конечно. Враг тебе показывает самым лучшим образом все твои отрицательные свойства. Это называется «помощь против меня». И так мы идем вперед.

Это красиво.

Да. Это очень просто на самом деле, если только правильно себя настроить, чтобы не забывать, не вырываться из этого.

А как быть с указанием Торы «пришедшего убить тебя – опереди и убей»?

То же самое. Когда ты видишь такое свое свойство, которое ни в коем случае не можешь никак перебороть, и по всем признакам, которые описаны в Торе, ты окружаешь любовью и пониманием, и единением с ним и видишь, что все равно это не исправимо – ты его должен таким образом исправить. Это и является его исправлением. То есть это абсолютно четкие законы. Убийство в таком случае – является одним из методов исправления. Но ты должен понимать, что этим ты убиваешь **в себе** это свойство. То есть ты не в состоянии никоим образом его переделать – оно восстает на тебя.

В свете этого движения к исправлению желания, продолжим читать. Написано так:

/29/ А ЕСЛИ КТО-ЛИБО ПРОДАСТ ЖИЛОЙ ДОМ В ГОРОДЕ, ОКРУЖЕННОМ СТЕНОЙ, ТО ВЫКУПИТЬ ЕГО РАЗРЕШАЕТСЯ ДО ИСТЕЧЕНИЯ ГОДА ОТ ПРОДАЖИ ЕГО...[22]

Если мне необходимы средства для чего-то, я могу продать свой дом. Но я имею право в течение года его обратно выкупить, то есть принести деньги и сказать, что хочу его обратно.

А почему здесь сказано «в городе, окруженном стеной»?

А иначе это не город.

А что такое во мне – «продать жилой дом, в городе окруженным стеной»?

Это те твои желания, которые ты можешь правильно использовать. Городом называется мир Ацилут, и «окруженный стеной» – это парса, которая окружает его, которая предохраняет его от всех вредителей, врагов. То есть человек отобрал в себе все правильные свойства, соединил их вместе, они могут в нем работать, как правильная система, и он строит вокруг этой правильной системы защиту. Эта правильная система в чём-то уже является подобием Творцу, в этой системе уже светит Высший свет, уже находится свойство Творца – свойство взаимной отдачи, любви. Я оберегаю его этой стеной, которая вокруг города, а всё, что вне этой стены, – это мои еще неисправленные свойства: всякие бродяги, разбойники, дикие животные и так далее.

Причем не сразу за стенами. Еще существует такой пояс – 70 шагов, локтей, вокруг стены, который

---

22   Тора, «Левит», «Баар», 25:29.

принадлежит городу. И потом еще 2000 шагов, локтей, за 70-ю локтями – это еще тоже относится к городу. Это поля, сады, которые относятся к городу. А дальше уже находятся территории, куда не стоит выходить.

Территории моих нечистых желаний?

Да.

Правильно ли я понимаю, что закон о продаже-покупке ведет к тому, чтобы эти желания не проникли внутрь города? Я охраняю этот город внутри себя?

Да. И не только охраняю, я еще его и благоустраиваю. Я всё время думаю о том, как его усилить.

Еще раз этот отрывок:

/29/ А ЕСЛИ КТО-ЛИБО ПРОДАСТ ЖИЛОЙ ДОМ В ГОРОДЕ, ОКРУЖЕННОМ СТЕНОЙ, ТО ВЫКУПИТЬ ЕГО РАЗРЕШАЕТСЯ ДО ИСТЕЧЕНИЯ ГОДА ОТ ПРОДАЖИ ЕГО: ГОД СОХРАНЯЕТСЯ ПРАВО ВЫКУПА ЕГО.[23]

Что это такое год?

Год – это непрерывная череда моих желаний и свойств, с которыми я начал круговорот исправления и заканчиваю. После этого – всё. Существует еще 7 лет, 50 лет.

БЕЗ СРОКА ДАВНОСТИ

/30/ ЕСЛИ ЖЕ НЕ БУДЕТ ОН ВЫКУПЛЕН ДО ИСТЕЧЕНИЯ ЦЕЛОГО ГОДА, ТО ДОМ В ГОРОДЕ, ОКРУЖЕННОМ СТЕНОЙ, ОСТАНЕТСЯ НАВСЕГДА У

---

23   Тора, «Левит», «Баар», 25:29.

КУПИВШЕГО ЕГО ДЛЯ ВСЕХ ПОКОЛЕНИЙ ЕГО, И НЕ ОТОЙДЕТ В ЮБИЛЕЙ.[24]

Да, то есть в 50-й год тоже не отойдет. Потому что есть такие законы, когда ты не полностью исправляешь свои свойства (7 умножить на 7 – 49 свойств, 49 лет), и тогда на 50-й год снова происходит возвращение. Нельзя ничего продавать и ничего покупать – вот что интересно. То есть я могу у тебя купить во временное пользование, а затем всё равно это возвращается тебе. Нельзя купить на срок больше чем 49 лет.

Вообще нельзя купить?

Да. Я могу у тебя взять поле, пашни, лес и так далее, но всё равно потом это возвращается к хозяину. Тот человек, за кем закреплена какая-то часть земли, то есть желания (эрец – от слова «рацон» – «желание») всё равно должен сам его исправлять, и если он отдает это, то есть использует другие свойства для своего исправления, то это только временное состояние.

То есть в результате всё равно он должен пройти этот путь исправления?

Да, да. А в нашем мире это очень интересные законы, потому что в итоге всё приходит на круги своя и хозяин остается хозяином. Продажа друг другу – скота, людей и так далее. Даже дом. Что такое дом? Купил здесь, продал там.

Тем более мы говорим о кочевниках, о народе кочевников.

---

24   Тора, «Левит», «Баар», 25:30.

В нашем мире, если продал, то продал.

В мире все продается и покупается, кроме земли и домов, где твой удел – вошли в землю Израиля, и каждый получил свою часть.

Каждое колено получило свой надел. И эти наделы четко разграничены. Не можешь ты перейти, изменить границы. Не имеешь права жениться или выйти замуж за чужих людей из других колен.

Это идет подготовка к входу в Эрец Исраэль?

Они получают сейчас законы, которые должны начинать применять, хотя у них нет ни домов и ничего.

Но эти законы внутренние. Они же не о домах, на самом деле, и не об овцах, и не о рабах. Эти законы в итоге начинают применять на себе внутренне, а затем, когда приходят в землю Израиля, то и внешне.

Здесь говорится, что если ты продал, то можешь выкупить через какой-то срок. А зачем он продает-выкупает? Зачем это движение продажи и выкупа вообще необходимо?

Ты понимаешь, ведь все должны в итоге своего развития достичь единого и общего желания, в котором именно таким образом раскроется абсолютно полный Творец. Перетекание желания друг в друга и связи их между собой – необходимы.

Поэтому мы должны жениться, рожать, состоять между собой в каких-то отношениях купли-продажи, взаимности, родственных отношениях и так далее. То есть связи, в итоге, должны наполнить все человеческое сообщество таким количеством соединений, когда все свойства отдачи друг другу мы реализуем, и проявится в этом единственная единая сила – Творец.

СООБЩАЮЩИЕСЯ СОСУДЫ

То, что происходит во мне, эта продажа-купля, эти перетекания из желания в желание, то же самое мы сейчас видим в мире, когда идет полное смешение....

Сегодня мы к этому приходим абсолютно реально. Потому что ни одна страна, ни один человек не может обойтись без того, чтобы не использовать весь мир. Возьми любого человека – что на нем надето, чем он пользуется в быту, на работе, на улице. Ты увидишь, что мы связаны со всем миром!

И это следствие перемешиваний желаний внутри меня, внутри человека?

Да, конечно.

Поэтому мы и называем наш мир глобальным, интегральным. Мы вообще приходим к такому состоянию, когда формируется мир без границ, мир без правительств. А к чему правительства? Если я завишу от всех вокруг, что мне мое правительство может дать? Я не от правительства своего завишу. Правительства начинают себя изживать. Все меньше и меньше они будут регулировать, а главное – связи между нами.

Именно такие полные, взаимозависимые человеческие отношения в итоге будут пронизывать весь мир, и нам придется раскрыть эту взаимную зависимость посредством очень сложных уроков. Потому что отношения между нами – сугубо эгоистические. Когда система взаимосвязанная, она обязана быть взаимной, а у нас нет никакой взаимности.

Ваша позиция, с одной стороны, заключается в том, что весь мир – одна семья. С другой стороны, вы говорите: пока мы это не можем сделать, каждый должен находиться в своих границах, то есть пока должны быть жесткие границы.

Да. Это противоположные состояния, но мы в них находимся. Мы находимся, с одной стороны, в жестких эгоистических условиях, а, с другой стороны, та сила, которая нами управляет и уже вызывает в нас движение к себе, противоположная, альтруистическая. И нам придется производить в себе огромное количество изменений, исправлений.

Когда будет команда, что не надо границ?

Мы придем к тому, что мы обязаны будем их отменить, с одной стороны, а с другой стороны, невозможно их отменить. И здесь мы поймем, что нам надо менять себя. Дело не в границах, а в нас, внутри нас.

И потом они сами отменятся?

Менять границы внутри себя – это уничтожать расстояние между мной и другими. Это непросто, невозможно.

То есть, если мы снимем границы…

Тогда мы вознуждаемся в Творце. Тогда-то Он нам и будет нужен.

Дальше говорится так:

/31/ А ДОМА В СЕЛЕНИЯХ, НЕ ОКРУЖЕННЫХ СТЕНОЙ, СЛЕДУЕТ СЧИТАТЬ НАРАВНЕ С ПОЛЕМ ЗЕМЛИ: ИХ МОЖНО ВЫКУПАТЬ, И В ЮБИЛЕЙ ОНИ ОТХОДЯТ К ПРЕЖНЕМУ ВЛАДЕЛЬЦУ.[25]

Да, как поле, они не считаются принадлежащими городу. Они не исправлены! Все, что находится в городе – в мире Ацилут, выше парсы – это все исправлено.

Что такое «поля внутри меня» «не окруженные стеной»?

Желания! Желания! Но дело в том, что если оно не внутри города, и не исправлено, то оно ради себя, а не ради отдачи и любви. А если оно уже в городе, то обязано принадлежать тому владельцу, который есть. Ты можешь у него взять, заплатить, использовать это средство, свойство, а затем отдать. То есть здесь мы имеем в виду уже перетекание правильных свойств от одного желания к другому.

Если это внутри стены?

Да. А если вне стены, то это – неисправное свойство, ничего не сделаешь.

И дальше так:

/32/ А ЧТО ДО ГОРОДОВ ЛЕВИТОВ, ТО ДОМА В ГОРОДАХ ВЛАДЕНИЯ ИХ ВСЕГДА МОЖНО ВЫКУПАТЬ ЛЕВИТАМ.[26]

Это потому что на них не распространяется пятидесятилетие и семилетие, и годовой заём. Потому что левиты

---

25 Тора, «Левит», «Баар», 25:31.
26 Тора, «Левит», «Баар», 25:32.

находятся в состоянии полной отдачи – бины, и поэтому на них не распространяются ограничения. Они выше ограничений. Потому что «левит» – это состояние человека, который находится уже в свойстве отдачи.

Что такое «город левита во мне»?

Город левита во мне – это уже не малхут мира Ацилута, а малхут, которая поднялась в бину мира Ацилут.

Чистая отдача?

Да. И там можно что угодно делать, потому что это свойство может быть во всех состояниях.

БЕЗ ПРАВА ПЕРЕДАЧИ

И дальше в конце говорится:

/34/ А УГОДЬЯ ПРИ ГОРОДАХ ИХ НЕЛЬЗЯ ПРОДАВАТЬ, ИБО ЭТО ВЕЧНОЕ ВЛАДЕНИЕ ИХ.[27]

Что это такое?

А это те свойства, которые левиты должны присовокупить к себе. Потому что, благодаря исправлению этих желаний, которые существуют вокруг их городов, – это АХАП, желания, которые должны исправиться и наполниться светом хохма, и поэтому только левиты могут присоединить их к себе, к свойству бины, и получить на это свет хохма в дальнейшем. Это не может сделать никто – только они сами.

---

27   Тора, «Левит», «Баар», 25:34.

Поэтому угодья вокруг домов левитов, городов левитов, не могут переходить к другому владельцу. Они должны сами их исправлять.

Как вы это чувствуете? Как вы сразу отвечаете на все вопросы?

Это не проблема. Потому что мы это изучаем: Гальгальта Эйнаим, АХАП, десять сфирот, как они справляются… Немножко практики. Не переживай.

Есть еще много вопросов о наших внутренних желаниях, которые окружены стеной или не окружены, и что с ними делать.

СТОРОЖ ЛИ Я БРАТУ СВОЕМУ?

У нас существует гора эгоизма – это та же Вавилонская башня, только сейчас она в виде горы.

Над эгоизмом находится Высшая сила, которая говорит о том, каким образом мы можем эту гору «переварить», переработать, реализовать так, чтобы из нее получилась Святая гора (Ар аБайт). Гора Мориа.

На которой будет построен Храм?

Да. Потому что Храм – это тот сосуд, который мы можем воздвигнуть над нашим эгоизмом, в котором проявляется Творец. Поэтому, аллегорически это гора, на горе – Храм, сосуд, вместилище Творца – вот такое видение.

Если вы стоите у ее подножья, если вы готовы любить друг друга, быть как один человек с одним сердцем и обязательно во взаимном поручительстве, тогда вы получите свет, который будет вас исправлять, который называется «Тора», и тогда вы сможете эту гору перелопатить так, чтобы из этой эгоистической горы, из горы Синай (Сина – ненависти) стала гора любви. И над ней вы сможете создать «Мне дом».

И что тогда? Тогда можно на нее подниматься?
Вы сами поднимаетесь и сами строите Храм.

Мы читали, что запрещено приближаться к горе ненависти. И только Моше может подниматься.
Это во время вручения Торы.

А затем эта гора, после того как получили Тору, эта гора совершенно лишается своей святости, и она – «ничто и никто».

Ты можешь и сейчас ехать туда, в Синай, смотреть на эту гору, пасти на ней коз, овец, коров и ничего не чувствовать. Эта гора святая только тогда, когда человек получает Тору! А когда он ее не получает, то это эгоизм, ничего иного.

То есть Творец через Моше передает законы, как эту гору превратить в святую? Как там построить Храм?
Да.

И он говорит следующее:
/35/ И ЕСЛИ ОБЕДНЕЕТ БРАТ ТВОЙ И ПРИДЕТ В УПАДОК У ТЕБЯ, ТО ПОДДЕРЖИ ЕГО, ПРИШЕЛЕЦ ЛИ ОН ИЛИ ПОСЕЛЕНЕЦ, И БУДЕТ ОН ЖИТЬ С ТОБОЙ.
/36/ НЕ БЕРИ С НЕГО ПРОЦЕНТЫ И РОСТА, И БОЙСЯ

ВСЕСИЛЬНОГО ТВОЕГО, ЧТОБЫ ЖИЛ БРАТ ТВОЙ С ТОБОЙ.[28]

Что такое «если обеднеет брат твой, придет в упадок, то поддержи его»?

Это уже разъяснение закона «возлюби ближнего как себя».

Что такое «брат во мне»?

Братом называется любое родственное относительно тебя состояние, сопутствующее тебе, в системе связи между душами, с которыми ты обязан быть связан для того, чтобы производить совместные действия.

Существует система связи между нами, между всеми желаниями, которые разорвались в разбиении души и которые затем должны связываться. Связь родственная, ближайшая связь между этими осколками, называется «связь между братьями».

«Брат» еще подразумевает: один корень, одного отца?

Да. Мы все поднимаемся к одному отцу. Мы – вообще в итоге все братья, только тут каждый раз проявляется разная степень родства, взаимной зависимости, а потом это все сливается в одно единое целое.

А когда говорится: «раб», «пришелец»?

Это всё – различные состояния душ, которые должны прийти к соединению и к такому единству, что нет ни братьев, ни родителей, ни детей, а просто одно единое целое.

Будущее мира – это когда нет никаких разделений?

---

28   Тора, Левит, Беар, 25:35-25:36.

Глава «У горы»

Никаких абсолютно! Нет изменений в наших отношениях, поскольку они прошли все эти исправления и достигли полного совершенства, поэтому все остается уже постоянным.

А пока это существует разделение, мы обязаны устремляться к связям – от более внутренних к более внешним. Потому что более внутренние легче исправить, чем внешние. И всегда мы должны идти в нашем исправлении от более легких состояний к более тяжелым.

Дальше говорится.
/39/ И ЕСЛИ ОБЕДНЕЕТ БРАТ ТВОЙ У ТЕБЯ И ПРОДАН БУДЕТ ТЕБЕ, НЕ ПОРАБОЩАЙ ЕГО РАБОТОЙ РАБСКОЙ. /40/ КАК НАЕМНИК, КАК ПОСЕЛЕНЕЦ БУДЕТ ОН У ТЕБЯ; ДО ЮБИЛЕЙНОГО ГОДА ПУСТЬ РАБОТАЕТ У ТЕБЯ, /41/ А ТОГДА ОТОЙДЕТ ОТ ТЕБЯ, ОН САМ И СЫНОВЬЯ ЕГО С НИМ, И ВОЗВРАТИТСЯ К СЕМЕЙСТВУ СВОЕМУ И ВО ВЛАДЕНИЕ ОТЦОВ СВОИХ ВСТУПИТ ОПЯТЬ.[29]

Если существуют у тебя такие желания, которые не способны существовать отдельно, ты обязан держать их при себе, ты обязан их обучать, серьезно обучать, давить, – так, чтобы поставить их на ноги. И после этого, когда ты полностью закончишь над ними свою работу – над этим желанием или конгломератом, сборным узлом желаний, тогда они отделяются уже как самостоятельная часть от тебя и продолжают свое существование.

Мы всегда говорим о желаниях. Мы не говорим о телах, мы говорим о структуре, в которой огромное желание раскололось на огромное количество частей – на

---

29 Тора, Левит, Беар, 25:39-25:41.

шестьсот тысяч частей, и эти части должны соединиться в итоге друг с другом так, чтобы представлять собой снова единую часть, хотя внутри находится их эгоизм, их взаимное отторжение. Все это остается, но оно покрывается любовью, нейтрализуется любовью.

И потому получается, что тот огромнейший эгоизм и та огромнейшая любовь, которую они тут сгенерировали между собой благодаря этому эгоизму, это все остается и добавляет мощи, внутреннего постижения, внутреннего объединения с Творцом. Так это всё и происходит. Все проблемы, которые возникают – только для того, чтобы ярче выявить это состояние, называемое единством, нашим единением с Творцом.

Ничего другого нет, все очень просто.

РАБ – СОСТОЯНИЕ ДОБРОВОЛЬНОЕ

Дальше говорится о рабах.

То же самое, то есть другие желания, которые вообще не могут быть самостоятельными, и поэтому они продаются в рабство. Я согласен, чтобы надо мной, как над маленьким ребенком властвовал кто-то большой. Во мне существует зло, и я хочу, чтобы он надо мной работал, я хочу, чтобы он мной руководил, чтобы он надо мной властвовал. Потому что иначе я пойду плохим путем.

И тогда ты и называешься рабом? То есть это желание называется рабом?

Да. И это добровольно!

Мы не совсем понимаем, что такое рабство. Рабство – состояние добровольное. До тех пор, пока ты желаешь быть рабом, ты им остаешься. А после этого ты должен доказать, что ты хочешь выйти из рабства, и тогда ты выходишь. Это применимо и на примере нашего рабства в Египте, и на примере нашего рабства в эгоизме (это то же самое, олицетворение этого). Если ты желаешь покинуть эгоизм, – пожалуйста; только предъяви свои желания, покажи на что ты способен. Способен ли ты жить самостоятельно, без эгоизма, то есть добывать себе наполнение, пропитание, развитие этого процесса: для чего, во имя чего, если не во имя эгоизма. Явно ли тебе, понятно ли тебе, что это во имя Творца. Как это должно идти дальше. Вот это все ты должен предъявить. После того, как ты это показываешь, – пожалуйста.

Но рабство ведь сладостное состояние, хорошее. Для чего мне из него выходить?

Поэтому я и должен показать, что я способен из него выйти, – я уже взрослый, я могу сам заботиться о себе. Я хочу прокормиться сам, я хочу заботиться о себе и о своей семье сам. Мне не нужен начальник или хозяин, который будет мной руководить, я готов руководить сам. Но мы видим, что никому это не надо: семь миллиардов людей – все хотят быть рабами. Ни одного нет, кто хотел бы быть самостоятельным, таким, как Творец. Пожалуйста! Это значит, заботиться обо всех. Кто-то хочет этого?! Да ради Бога, никому это не надо!

ПЕРВОБЫТНЫЙ КОММУНИЗМ?

Существует такое явление, когда население желает просто обычного коммунального состояния, когда живет маленькая деревня, варятся между собой, друг другу помогают, друг друга спасают, не выходя из этого маленького круга, для них весь мир существует в этом состоянии, больше ничего. А то, что вне его, им это и не интересно. Не мало таких мест в мире.

А большого не могут. Не могут! Потому что большой круг – это я уже должен выходить из себя, а в маленьком круге я чувствую всех остальных как себя. И вроде бы я из себя не выхожу. И получается, что общество еще недоразвито.

Сосед мне поможет, а начальник нет.

Да-да, так они чувствуют свою общность с теми, кто равен им, подобен. Мне перед соседом не стыдно, главное, чтобы я был таким, как он, а он был таким, как я. За этим мы пристально следим. Вся цель нашего существование заключается в том, чтобы прокормить наше животное, а человека поставить в состояние, когда он и все остальные абсолютно равны. И здесь в такой общности получается натуральный коммунизм. Это очень интересное состояние!

Только лишь жизненно необходимое – больше ничего не надо.

Существование по естественным законам правильной природы.

Очень интересно!

Для чего я еще пойду работать на кого-то? Мне не надо ничего другого! Да и соседи как будут на меня смотреть?! Чего это я вдруг рвусь за пределы моего круга?

Это и есть первобытный коммунизм, который проявляется на животном уровне. Как животные в лесу. Но у людей – немножко по-другому, они знают наперед, что надо минимально необходимое для жизни. Но это очень интересное состояние!

Это состояние – как они существуют – называется рабским?

Это не рабство! Нет! Для них это ощущение свободы. Я забочусь о себе. Помогаю своему соседу, потому что он поможет мне. Мы зависим друг от друга. Это как одна семья.

О большем я и не думаю. А зачем мне думать о большем? Поэтому я свободен!

Но это не то рабство, о котором мы говорим. Потому что, то рабство – добровольное. Человек, который не может обслуживать свой эгоизм, сам идет в подчинение к другому человеку или к другому, большему, эгоизму, и как бы прилипает к нему. Он готов работать вместе с ним на его эгоизм, на эгоизм большого, потому что в таком случае большой будет его защищать, будет за ним ухаживать. Как ребенок. Ребенок ведь расплачивается с родителями тем, что дает им наслаждение.

Это природа так устроила. Я даю наслаждение своим родителям, и в ответ родители заботятся обо мне – о своем ребенке. А если бы природа не сделала этого, что я своим присутствием, даже просто своим существованием, даю наслаждение родителям, они бы обо мне не заботились. И здесь раб дает наслаждение своему хозяину – он готов работать на него. А хозяин берет на себя ответственность за него, за его жизнь, за его обеспечение.

Тут написано:

/44/ А ТВОЙ РАБ И РАБЫНЯ ТВОЯ, ДЛЯ ТОГО, ЧТОБЫ ОНИ БЫЛИ ТВОИМИ, – У НАРОДОВ, КОТОРЫЕ ВОКРУГ ВАС, У НИХ ПОКУПАЙТЕ РАБА И РАБЫНЮ.[30]

Что это значит «у народов, которые вокруг вас»?

Не только. Есть рабы и из своего же народа. Дальше об этом сказано. В Талмуде есть трактат, который объясняет эгоистические состояния, которые мы проходим. И одно из этих состояний, причем очень серьезное, большое состояние – это рабство, рабство в эгоизме, рабство эгоизма.

Дальше говорится:

/45/ ТАКЖЕ И ИЗ ДЕТЕЙ ПОСЕЛЕНЦЕВ, ПРОЖИВАЮЩИХ У ВАС, У НИХ МОЖЕТЕ ПОКУПАТЬ И ИЗ СЕМЬИ ИХ, КОТОРАЯ У ВАС, ИЗ ТЕХ, ЧТО ОНИ РОДИЛИ В СТРАНЕ ВАШЕЙ, И ОНИ МОГУТ БЫТЬ ВАШЕЙ СОБСТВЕННОСТЬЮ. /46/ И МОЖЕТЕ ПЕРЕДАВАТЬ ИХ В НАСЛЕДСТВО СЫНОВЬЯМ ВАШИМ ПОСЛЕ СЕБЯ, ЧТОБЫ ОНИ НАСЛЕДОВАЛИ ИХ КАК НАСЛЕДИЕ: НАВСЕГДА МОЖЕТЕ ПОРАБОЩАТЬ ИХ. А НАД БРАТЬЯМИ ВАШИМИ, СЫНАМИ ИЗРАИЛЯ, НИКТО ДА НЕ ВЛАСТВУЕТ НАД БРАТОМ СВОИМ С ЖЕСТОКОСТЬЮ.[31]

С жестокостью. Но вообще есть такое состояние, когда брат твой является рабом твоим.

Что значит «передавать их в наследство, навсегда можете порабощать их»?

Еще раз подчеркиваю, что все это говорится не о взаимоотношениях между людьми! Взаимоотношения между

---

30   Тора, Левит, Беар, 25:44.
31   Тора, Левит, Беар, 25:45-25:46.

людьми строятся автоматически в соответствии с нашей природой, с тем, что заложено в нас, поэтому нет смысла об этом говорить.

Нас интересуют только состояния, которые мы проходим. Главное – в человеке, внутри человека. Тора обращается к человеку лично. И те состояния, которые мы проходим как рабы своих желаний или вольные граждане своих желаний, или руководители, начальники, или творцы своих желаний – это всё и является целью нашего развития: насколько мы на самом деле можем подняться над своим эгоизмом.

То есть эти категории существуют относительно эгоизма?

Только лишь относительно эгоизма. А кроме желания ничего нет.

НЕ ОТПУЩУ НАРОД ТВОЙ!

Кто такой Моше в таком случае?

Моше – это высшая точка желания, находящаяся внутри эгоизма, которая рождается внутри эгоизма и затем вырывается из него настолько, что может потащить за собой еще и тот народ, то есть те желания, которые могут за ним устремиться. То есть не один он выходит из эгоизма. Фараон предлагает: «Моше, Аарон, уходите вы отсюда! Что вам делать здесь в Египте?! Прошу!».

Для чего, мол, будоражить народ?

«Потому что братья мои здесь». «Так ты хочешь забрать от меня ту часть, через которую я получаю свет?!»

Это фараон говорит? Он получал свет через народ?

Да, через Израиль. Поэтому он обогатился. Поэтому и не желает отпускать народ. А сама эта точка, сам Моше – «пожалуйста, иди! Ты и так не относишься к Египту. 40 лет тебя не было, снова пришел».

Египет, рабы, фараон, Моше, Йосеф – это именно отношение человека к своему эгоизму?

Конечно! Но самое главное – это фараон. Если я вывожу из-под его власти свой народ, то есть свои желания, – из-под намерения ради себя извлекаю желания и перевожу их в намерение ради Творца, – это значит, я выхожу за пределы Египта. Из этого пространства, внутри которого царствует фараон. Под его властью находится желание. Мне надо это желание вытащить оттуда, под власть Творца. Желание может быть или только под властью фараона, или только под властью Творца, иначе никак.

Значит, я должен создать такие условия внутри Египта, чтобы я смог вытащить это желание наружу, чтобы это желание согласилось следовать за мной. То есть я должен ослабить влияние фараона на эти желания десятью ударами. Я должен эти желания, этот народ, поместить в такую тьму, чтобы они не видели там никакого просвета в своей жизни. И тогда я могу их собрать и вытащить.

ПРОДАЖА БРАТА

В этой главе есть еще несколько законов, которые мы обязаны постичь.

Вот что написано:

/47/ И ЕСЛИ ПРИШЕЛЕЦ ИЛИ ПОСЕЛЕНЕЦ ТВОЙ ДОСТИГНЕТ ДОСТАТКА У ТЕБЯ, А БРАТ ТВОЙ ОБЕДНЕЕТ ПЕРЕД НИМ И ПРОДАН БУДЕТ ПРИШЕЛЬЦУ, ПОСЕЛЕНЦУ У ТЕБЯ ИЛИ ОТСЕЛИВШЕМУСЯ ИЗ СЕМЬИ ПРИШЕЛЬЦА, /48/ ТО ПОСЛЕ ПРОДАЖИ СЛЕДУЕТ ВЫКУПИТЬ ЕГО;[32]

Да, обязан его продать.

Продать брата?!

Да. Потому что он оказался ниже по уровню, чем пришелец. То есть, продаваясь, он подчиняется ему – это исправление. Это на самом деле исправление – когда ты входишь под большую ступень, потому что она – пришелец, то есть она с большим эгоизмом. Пришелец – это внешний эгоизм. Внешний эгоизм по сравнению с израильским.

С братом?

С народом Израиля. Это – Гальгальта Эйнаим. Мы же говорим уже об исправленных состояниях. А если это внешний эгоизм, то неисправленный и большой. Значит, если он исправился, если он поселился у тебя и оказался большим, исправленным, то тогда, конечно, твой брат меньше его по уровню, и поэтому для него такое действие является исправлением.

Но после того, как он был продан пришельцу, после этого ты должен его выкупить. Уже можно выкупать его обратно. Он уже исправил себя этой продажей – то есть отменой себя. И когда он уже принадлежит пришельцу, тогда ты можешь его выкупить. Когда ты его выкупаешь,

---

32 Тора, «Левит», «Беар», 25:47-25:48.

он приходит к тебе вместе с долей пришельца, которую приобрел при продаже.

Вы сказали, что он отменяет себя перед пришельцем. Это называется «продать»?

Да, конечно.

То есть он был тут главный, был выше пришельца. Но пришел пришелец и становится выше него.

И он отменяет себя перед пришельцем. Что такое «отменить себя перед пришельцем»?

Это уже не пришелец. Это исправленное состояние. Это уже большая ступень.

Единственное состояние, когда продажа является грехом, – это проституция. Что значит «проституция»? Это когда я продаюсь другому для получения удовольствия, а не для того чтобы прильнуть к нему и сделать большую работу от себя. Вот и все.

Поэтому с проституции не берется десятина?

Да, невозможно с этого брать десятину. Ее там нет! В каббале «нет» – значит невозможно.

А почему ее там нет – десятины?

Откуда? Парцуф – не святой, не идет на отдачу. Там есть авиют, но нет экрана.

То есть все мысли – только взять?

Да. Какая же там десятина? Там малхут – вся получает.

То есть надо отдать всё, на самом деле, если уже отдавать?

Может быть, да.

Это было интересно – о пришельцах. А что с теми, кто приезжает в Израиль из других стран, проходят гиюр, становятся израильтянами,.

Так они становятся израильтянами, и всё. Сколько раз сказано в Торе: «Любите гера, потому что герами были вы сами». И когда-то ты тоже был вавилонянином, только ты раньше его на пару лет переступил эту ступень на уровень бины, а он сейчас. Какая разница?

Это только у нас, похоже, есть такое?

Конечно, да. Потому что тут можно переходить со ступени на ступень. А если точки в сердце нет, то тогда остаешься кем был, и всё.

НА СВОБОДУ С ЧИСТОЙ СОВЕСТЬЮ

Вот окончание главы:

/48/ ТО ПОСЛЕ ПРОДАЖИ СЛЕДУЕТ ВЫКУПИТЬ ЕГО; ОДИН ИЗ БРАТЬЕВ ЕГО ДОЛЖЕН ВЫКУПИТЬ ЕГО; /49/ ИЛИ ДЯДЯ ЕГО, ИЛИ СЫН ДЯДИ ЕГО ДОЛЖЕН ВЫКУПИТЬ ЕГО, ИЛИ КТО-НИБУДЬ ИЗ РОДНЫХ ЕГО, ИЗ СЕМЕЙСТВА ЕГО ДОЛЖЕН ВЫКУПИТЬ ЕГО; ИЛИ, ЕСЛИ БУДЕТ ИМЕТЬ ОН ДОСТАТОК, ПУСТЬ ВЫКУПИТ СЕБЯ САМ. /50/ И РАССЧИТАЕТСЯ ОН С КУПИВШИМ ЕГО ЗА ВСЕ ВРЕМЯ ОТ ТОГО ГОДА, КОГДА ОН ПРОДАЛ СЕБЯ ЕМУ, ДО ГОДА ЮБИЛЕЙНОГО;[33]

То есть он и сам себя может выкупить?

---

33   Тора, «Левит», «Беар», 25:48-25:50.

Он может ждать юбилейного года, когда все выходят на свободу. Но тут речь идет о том, что надо выкупать и действовать.

Что такое «продать» – вы сказали, – отменить себя. А что такое «выкупить»?

Заплатить экраном за экран.

Потому что он сейчас находится под экраном более высокого парцуфа, должен пройти ступени до юбилейного года. Юбилейный год – это бина, свобода, когда все отпускаются на свободу, когда всё возвращается к своим истинным хозяевам.

За всю ту работу, которую над ним будет производить его хозяин до юбилейного года, до бины, он будет его тащить до уровня бины, а потом отпустит – надо заплатить за эту работу. То есть надо выполнить ее вместо хозяина, и тогда ты сможешь выйти.

Это является приобретением экрана?

Да. Допустим, тебе осталось 17 лет до юбилейного года (до 50-летия). Значит, экран, который соответствует этим 17-ти годам, ты должен оплатить, и тогда ты выходишь – забираешь его.

Это называется «экран на экран»?

Да, ты его забираешь из-под экрана хозяина в свой экран.

Теперь вопрос: если ты его выкупаешь, становится ли он по-настоящему свободен или он становится твоим? Потому что экран – твой! Как ты ему можешь передать, чтобы он был свободным? Это же не его, это не передается. Это только обретается самим человеком. То есть на основании чего здесь обретается экран? Это вопрос.

Еще вопрос, если ты обратил внимание: почему в таком порядке записано, кто его может выкупить?

Да, отдельно все перечислены.

ОДИН ИЗ БРАТЬЕВ ЕГО ДОЛЖЕН ВЫКУПИТЬ ЕГО; /49/ ИЛИ ДЯДЯ ЕГО, ИЛИ СЫН ДЯДИ ЕГО ДОЛЖЕН ВЫКУПИТЬ ЕГО, ИЛИ КТО-НИБУДЬ ИЗ РОДНЫХ ЕГО, ИЗ СЕМЕЙСТВА ЕГО ДОЛЖЕН ВЫКУПИТЬ ЕГО; ИЛИ, ЕСЛИ БУДЕТ ИМЕТЬ ОН ДОСТАТОК, ПУСТЬ ВЫКУПИТ СЕБЯ САМ…

Да. То есть, по мере уменьшения экрана или сам. Понятно, что если бы он мог, он бы себя выкупил, но есть указание – выкупать. Это очень большое исправление, большая как бы благотворительная акция – выкуп пленных, выкуп рабов, выкуп любых людей.

В Израиле и выкуп тел тоже существует. То есть уже погибших. Это поддерживает дух, и дает уверенность народу в том, что мы никого не оставляем. Как и у Моше – «никого не оставляют под парсой».

Да. Но под парсой никого вообще нельзя оставить. Еще Моше дал обещание в Египте, что выведет всех – никого не оставит под парсой. Это и невозможно, потому что если все вместе являются одной душой, то как ты можешь какую-то частицу оставить там? Ты никогда не достигнешь полного исправления.

И условие Йосефа было, чтобы вынесли кости его.

Да, никого нельзя оставлять в Египте.

Вы сказали, что Высший не может дать экран низшему?

Может, но тогда низший будет его рабом: или маленьким ребенком рядом с ним, или он должен быть в его полном подчинении.

Вы как-то рассказывали, что у вас было такое состояние с РАБАШем… Как будто вы оказались под его экраном.

Да. Такие шутки любил Гилель, с которым я вначале занимался. Он больше нажимал на знания. Было интересно его слушать, он давал ответы на все вопросы четко и очень логично. Он так посмотрит на тебя и начинает тебя водить, водить… Он любил этим заниматься.

РАБАШ был очень скрытый, ничего этого не делал. Только один раз, когда мы были в Мероне и хотели подойти к могиле рабби Шимона, там была страшная толпа людей – просто не протолкнуться и не вздохнуть. Я всё-таки проталкиваюсь вперед, тяну РАБАШа за собой. И в какой-то момент я уткнулся в спину человека, – и назад не повернуть, и не обойти его. Я говорю: «Дай нам дотронуться, до того места, и всё». Он не реагирует…

РАБАШ говорит: «Подожди. Дай мне руку просунуть, чтобы я мог…». И РАБАШ дотронулся до него. Человек повернул голову, я не знаю, как он смог обернуться, потому что в этом месте невозможно было обернуться, настолько мы были сжаты. Он обернулся. Это РАБАШ ему, конечно, дал это указание, он посмотрел на РАБАШа и вдруг закричал от ужаса! Что он увидел в его глазах? Что с ним произошло, но вдруг все раздвинулось. И мы прошли еще может быть, метр–полтора до этой могилы. Дотронулись до нее, и можно было возвращаться обратно. Но такие шутки он, в общем, себе не позволял.

Только один раз вы это видели?

Как-то мы заезжали в арабскую деревню во время интифады. Я очень боялся, очень. Представлял, что вот сейчас окружат машину, вытащат ножи… «Ну, всё, – думаю, – тут нам конец». Просто ужас меня охватил. Мы выехали из этой деревни, выехали на магистраль, я остановил машину – без сил, вытащил сигарету, закурил. Он говорит: «А я не боялся». И сидит спокойно. Почему он не боялся? Умел управлять обстоятельствами. Но это серьезный экран, серьезный экран! Это не бравада какая-то, это, на самом деле владение обстоятельствами. То есть это в его руках – каждая эта кукла, которая стоит тут с ножом вокруг машины.

То есть это такой уровень, что он может ими как бы… Интересно, вы человек науки и сейчас рассказываете (и я абсолютно Вам верю), что он положил на кого-то руку, и тот в ужасе закричал и отскочил. Это вещи, немного попахивающие мистикой...

Я говорю о том, что я видел, а объяснение мы оставим на потом.

У ИСТОКОВ КРЕДИТНОЙ ИСТОРИИ

Остались две цитаты из этой главы:

/51/ЕСЛИ ЕЩЕ МНОГО ЭТИХ ЛЕТ ОСТАЛОСЬ ДО ЮБИЛЕЙНОГО ГОДА, ТО ПО МЕРЕ ИХ ИСТЕЧЕНИЯ ДОЛЖЕН ОН ВОЗВРАЩАТЬ В ВЫКУП ЗА СЕБЯ СЕРЕБРО, ЗА КОТОРОЕ БЫЛ КУПЛЕН.[34]

---

34   Тора, «Левит», «Беар», 25:51.

Это продолжение?

То есть я могу выкупать себя постепенно, я могу договориться с хозяином. Он меня может отпустить на свободу с тем условием, что я буду за каждый год свободы ему возвращать то количество серебра, которое он за меня заплатил, или, вернее, возвращать экран, потому что серебро на иврите называется кесэф, от слова «кисуф». Кисуф – это покрытие, экран.

Вы все время направляете нас на то, что это во мне? Что это такое во мне: мой брат, продать брата?

Есть такое условие: «Пну элай вэ-ани порэа» – «обратись ко мне, и я расплачусь». Я могу войти в магазин, взять, что мне надо, хотя у меня нет денег, но там запишут меня на долговую карточку, и я могу оттуда получать, получать, получать. Если я это использую для своего духовного возвышения, то из этого духовного магазина я могу получать всё, что мне надо, – главное, чтобы я это правильно использовал.

Как только я это начинаю неправильно использовать, – мне никто ничего не говорит, а то, что я не возвращаю, это уже записывается мне в долг и под особую статью. А потом делается расчет: «Вот, батюшка ты мой, сегодня у нас Судный день, мы с тобой делаем расчет. Что произошло за год, сколько ты взял, и сколько ты за это вернул?»

В духовном пути я могу всегда использовать такого типа возможности – то есть брать для своей работы. И здесь: хотя хозяин купил этого раба, он может выйти на свободу, заключив договор о постепенном возврате – посуточно, понедельно, помесячно или годовую оплату – возвращает за себя. Возвращает экраном, тем экраном, с которым его купили.

Я прилепляюсь к высшему парцуфу – высший парцуф меня кормит. То есть я нахожусь под его экраном, он включается в работу с Высшим светом, и я, аннулируя свой эгоизм, вместе с ним работаю или только как зародыш, или как маленький парцуф.

Далее, я могу выйти из него, если только я смогу рассчитаться. Здесь проблема: кто меня возьмет, потому что я все-таки маленький? Значит, меня должны взять какие-то мои родственники – я перехожу из владения во владение. Это большая тема – переход из-под одной власти под другую. Это как переезд из одного государства в другое, под управление совсем другой системы.

Это очень непросто, потому что человек меняет основу своего духовного возвышения. Не основу, а средство своего духовного возвышения, с помощью чего он будет подниматься. К этой теме относится еще и «Погонщик мулов», статья из «Предисловия к Книге Зоар». Тут обсуждаются средства подъема.

А что это за желание во мне?

Желание быть самостоятельным, максимально эффективно использовать себя в каждый момент движения. Если я могу выйти из-под чужого хозяина к своему, это большое изменение.

Что такое «чужой хозяин» во мне?

«Чужой хозяин» во мне – это тоже непросто объяснить. Потому что есть обратная связь желаний и светов. Если я смогу быть максимально независимым от максимально чужого, то я произвожу максимально большую работу. Тут произведенная работа равна силе, умноженной на расстояние.

Поэтому чем больше расстояние от меня, тем большую силу я прикладываю, тем у меня получается, в итоге, больший экран, и больше света я притягиваю к себе.

В этих объяснениях есть очень большая сила, потому что ощущаешь, какая за ними стоит глубина. Даже если человек сидит и не понимает ничего, я только могу радоваться этому.

Каждый человек может прочесть это и перевести на внутренний язык и начинать потихоньку себя внутри как-то очищать, «перебирать», работать…

НЕ СОТВОРИ СЕБЕ КУМИРА

Вот последний пункт этой главы:
/1/ НЕ ДЕЛАЙТЕ СЕБЕ ИДОЛОВ И КУМИРА, И СТОЛБА НЕ СТАВЬТЕ У СЕБЯ, И КАМНЯ С ИЗОБРАЖЕНИЯМИ НЕ СТАВЬТЕ В СТРАНЕ ВАШЕЙ, ЧТОБЫ ПОКЛОНЯТЬСЯ НА НЕМ; ИБО Я – БОГ, ВСЕСИЛЬНЫЙ ВАШ. /2/ СУББОТЫ МОИ СОБЛЮДАЙТЕ И ПЕРЕД СВЯТИЛИЩЕМ МОИМ БЛАГОГОВЕЙТЕ: Я – БОГ.[35]

Заканчивается глава.

То есть не поклоняться никому, пытаться быть максимально самостоятельным, максимально свободным.

И вся эта свобода и самостоятельность должна быть под вывеской «Я – Бог». Это настолько противоречиво…

Под вывеской «Я абсолютно несвободен», все-таки.

---

35 Тора, «Левит», «Беhар», 26:01-26:02.

Да, и все-таки в этой абсолютной несвободе, которую я постигаю, я обязан быть абсолютно свободным. Приподняться над собой, над тем, что во мне все несвободно, и достичь над этим единения с Творцом. В этом единении я абсолютно свободен. Получается такой парадокс, который мы сейчас из-за его дуальности не можем воспринять, но он именно такой и существует.

Как в квантовой физике мы начинаем понимать эту дуальность. Она нами не воспринимается, но чисто умозрительно мы видим, что это так. А как можно совместить? Никак. Потому что совместить – это значит, что у нас внутри уже должна быть система, которая совмещает две противоположности, а такого быть не может в нашей плоской системе восприятия. Быть максимально свободным под властью единой силы Творца.

Я освобождаюсь от всех идолов, как здесь говорится, от всех кумиров?

Идолы и кумиры мне необходимы для моего развития, я не могу без них, мне надо за что-то ухватиться. Как ребенок, который держит какую-то игрушку, соску, тряпку и не может без них. Это для него осязаемая связь с его миром.

То есть это необходимо?

Это необходимо. Без идолов, без кумиров мы не можем развиваться. По мере подъема над ними мы и развиваемся. Каждый раз я меняю этих идолов, и кумиров, и всевозможных божков, пока я не поднимаюсь до состояния, когда я абсолютно завишу от Творца и вместе с тем абсолютно свободен – свободен полностью от идолов и зависим полностью от Творца.

Это напоминает наше время, когда уже не остается кумиров, идолов и человек просто повисает в воздухе.

Да, сейчас мы начинаем очищаться от всех них. Но при этом происходит всплеск стремления к идолам, стремления к религиям, мы еще увидим это.

Война все равно будет религиозной. Война Гога и Магога – религиозная война.

Вы видите единственную возможность избежать этого – только каббалистическим методом воспитания населения земли?

Кроме этого не может быть ничего: или метод изменения человека, или метод давления со стороны природы или общества (не важно) на каждого из нас. Но критическая точка приближается.

Глава
«По Моим законам»

ПОВЕРНЕМ РЕКИ ВСПЯТЬ

Мы начинаем новую главу, она называется на иврите «Бехукотай», а на русском – «По Моим законам». Вкратце, смысл ее прост: если пойдете по Моим законам – будет хорошо, если нет – будет очень плохо.

Не все время плохо. Будет плохо, а потом хуже и еще хуже.

Я насчитал пять ступеней. На пятой ступени – просто полный обвал. Такая вот глава.

В этой главе объясняется, что весь мир взаимосвязан, что вся система – строго детерминирована. В зависимости от того, принимает или не принимает человек на себя законы духовной вселенной (не только то, что мы видим, а все ее силы, системы, скрытые от нас), они частично проявляются, хотя, в общем, скрыты.

Рассказывается о том, что ты находишься в этой системе. Естественно, если ты будешь знать и выполнять ее законы, то тебе будет хорошо, а если не будешь знать ее законы или не будешь выполнять – соответственно будет плохо.

Довольно запугивающие установки.

Они не запугивающие. В этой системе все просчитано и дифференцированно.

Например, относительно маленького ребенка природа делает все более щадяще. Она окружает его заботой. Он падает – ничего страшного. Если взрослый так упадет – то сломает себе руку, ноги переломает, а ребенок отделается синяком.

Система принимает во внимание тот объект, на который она воздействует. У системы есть целое устройство, которое в соответствии с уровнем человека, с его предназначением, с его судьбой относится к нему – к каждому из нас – по-особенному.

Если вдруг кажется, что человеку даются неимоверные страдания, – это только кажется? На самом деле система дает ему то, что он может вынести?

Может быть и не может вынести, но дается человеку абсолютно точно в соответствии с его судьбой, предназначением, с теми условиями, в которых он находится и в которых должен быть. Все устроено, все направлено на цель – цель, которую должны достичь все.

Это такой огромный компьютер, в котором рассчитаны все кругообороты всех?!

Там все очень просто на самом деле.

Потому что есть начало и есть конец, и от начала к концу все просчитано на каждом этапе относительно всех. Дается определенная свобода на каждой ступеньке, и в этих четко ограниченных рамках мы действуем.

Можно сказать это относительно каждого человека?

Выходит, что и каждого человека, и всех вместе. Потому что мы связаны в одну систему и одна система нами управляет.

Мы существуем в одном объеме, в одной системе, в одном мире – все вместе. Те, которые ощущают это, и те, которые не ощущают. Те, которые раскрыли уже это для себя и достигли каких-то ступеней. И те, которые еще только начинают или вообще даже не начали и не понимают, к чему это всё.

В этой главе есть момент мощного, пошагового запугивания: если не сделаете так-то…

Тут никакого запугивания нет! Это абсолютно четко прописанная глава: ты берешь любую инструкцию, и тебе говорят: «Это так, а это так. А если нет – то будет так».

НЕ ОСТАВИТЬ ЛЮДЕЙ В ЕГИПТЕ

Давайте начнем читать эту главу.

/3/ ЕСЛИ ПО УСТАНОВЛЕНИЯМ МОИМ БУДЕТЕ ВЫ ПОСТУПАТЬ, И ЗАПОВЕДИ МОИ СОБЛЮДАТЬ, И ИСПОЛНЯТЬ ИХ,… [36]

То есть законы Природы. Заповеди Творца – это законы Природы: нашей природы, которые мы видим, частично понимаем и знаем, и законы высшей, скрытой от нас Природы, которые все построены на свойстве отдачи и любви, взаимодействии.

Это требуется исполнять?

Да. Хочешь или не хочешь, это законы Природы.

Дальше так:

/4/ ТО ДАМ Я ВАМ ДОЖДИ ВОВРЕМЯ, И ЗЕМЛЯ ДАСТ УРОЖАЙ СВОЙ, И ДЕРЕВЬЯ ПОЛЕВЫЕ ДАДУТ ПЛОД СВОЙ. /5/ И СХОДИТЬСЯ БУДЕТ У ВАС МОЛОТЬБА СО СБОРОМ ВИНОГРАДА, А СБОР ВИНОГРАДА СХОДИТЬСЯ БУДЕТ С СЕВОМ, И БУДЕТЕ ЕСТЬ ХЛЕБ СВОЙ

---

36   Тора, «Левит», «Бехукотай», 26:3.

ДОСЫТА, И БУДЕТЕ ЖИТЬ СПОКОЙНО В СТРАНЕ ВАШЕЙ.[37]

Да, все будет нормально. Имеется в виду не только в нашей жизни нормально, когда у человека все есть для заполнения своего живота. Если ты будешь выполнять законы Творца, то на уровне выполнения Его законов ты будешь вознагражден или на духовном уровне, или на материальном уровне, или на обоих уровнях. Система устроена так, что если ты в нее вписываешься, выполняешь свое предназначение, занимаешь свою нишу в природе, то тогда вся природа работает гармонично, и эта гармония наполняет тебя.

А что такое в нашей внутренней работе – «будете есть свой хлеб досыта и будете жить спокойно в стране вашей»?

Тут имеются в виду два уровня. Один из уровней – это уровень наш, человеческий. Для чего он ощущается нами? Чтобы поднять нас к уровню духовному. Следующий уровень – это уже духовный. Хлеб – это олицетворение уровня хасадим, бины.

Что значит – досыта есть хлеб? То есть соединиться с биной?

Да.

То есть, полностью достичь свойства отдачи? А это – «жить в стране своей спокойно»?

Страна – на иврите «Эрец», от слова «рацон» («желание»). Если в своем желании ты будешь выполнять все

---

37 Тора, «Левит», «Бехукотай», 26:4-26:5.

условия, тогда все твои желания будут наполняться. Имеются в виду четыре стадии наполнения желания.

Тора описывает устройство воздействующей на нас системы, которая называется системой духовных миров: Адам Кадмон, Ацилут, Брия, Ецира, Асия. Мы в этой системе, в этой сфере, существуем внутри. И взаимодействие с этой сферой может быть только тогда, когда мы взаимосвязаны правильно, гармонично, дополняя друг друга. И образуем вместе внутри такой шарик из всего человечества. Когда мы это делаем из наших желаний – это и есть рацон, страна. Когда мы выполняем это условие, тогда мы абсолютно гармонируем с этим внешним шаром, сферой. И поэтому приходит все благо. Все благо наполняет нас. Мы абсолютно четко ощущаем эту систему, она ощущает нас – и таким образом мы работаем между собой.

Дальше добавлено:
/6/ И УСТАНОВЛЮ Я МИР В СТРАНЕ, И КОГДА ЛЯЖЕТЕ, НИКТО НЕ БУДЕТ ВАС ТРЕВОЖИТЬ; И ИЗВЕДУ ХИЩНЫХ ЗВЕРЕЙ ИЗ СТРАНЫ, И МЕЧ НЕ ПРОЙДЕТ ПО СТРАНЕ ВАШЕЙ. /7/ И БУДЕТЕ ВЫ ПРЕСЛЕДОВАТЬ ВРАГОВ ВАШИХ, И ПАДУТ ОНИ ПЕРЕД ВАМИ ОТ МЕЧА. /8/ И ПЯТЕРО ИЗ ВАС БУДУТ ПРЕСЛЕДОВАТЬ СТО ЧЕЛОВЕК, А СТО ИЗ ВАС БУДУТ ПРЕСЛЕДОВАТЬ ДЕСЯТЬ ТЫСЯЧ, И ПАДУТ ВРАГИ ВАШИ ПЕРЕД ВАМИ ОТ МЕЧА.[38]

Какие враги существуют в момент идиллии?

Вдруг возникают в человеке всевозможные неправильные желания – еще неисправленные, которые

---
38 Тора, «Левит», «Бехукотай», 26:6-26:8.

проявляются изнутри. И всегда будут силы, чтобы с ними совладать, их понять и идти дальше.

Говорится об эгоизме?

Да, конечно. Нет других врагов. Враги – только внутренние, и они проявляются как внешние. Потому что весь мир, который мы видим, – копия наших внутренних свойств.

Что это «и пятеро смогут победить сто»? И сто могут победить десять тысяч?

Говорится, что меньшинство сможет победить любое количество?

Конечно. У тебя будет такая сила – сила света в тебе, что все восстающие против тебя просто исчезнут.

Напрашивается аналогия со страной Израиль, которая как ушко игольчатое на карте мира. Вокруг немыслимое количество врагов. Если она будет соответствовать этому закону...

Даже врагов не будет.

По вашей теории такое возможно?

Согласно моей теории враги будут проявляться только в таком виде, что они немедленно будут превращаться в друзей. Потому что мы будем настолько защищены своим свойством отдачи и любви, что проявление врагов (оно необходимо) – будет только на одно мгновенье, и немедленно они будут обращаться в помощников.

Вы никогда не приходите в отчаяние от того, что это не происходит так быстро, как вам хочется. Но наоборот,

возникает ощущение, что все катится совсем в обратную сторону?

Такие ощущения должны быть. А как было в Египте? Мы выходим из Египта только в состоянии абсолютной египетской тьмы. Это известное выражение во всем мире – «тьма египетская» – «хошех мицраим».

Поэтому я с нетерпением жду такого состояния. Действительно так! Я жду, когда мы это все пройдем. И люди, которые тянутся к раскрытию Творца, должны понимать, что мы **обязаны** проходить эти стадии, мы **обязаны** друг друга поддерживать, мы **обязаны** все равно идти вперед. Ползти вперед, если не идти! Другого выхода нет. И «дорогу осилит идущий».

Я очень надеюсь, что смогу быть вместе со всеми, по крайней мере на этом самом тяжелом участке пути, чтобы не оставить людей в Египте.

К ФАРАОНУ. ОПЯТЬ К ФАРАОНУ!

Сейчас начался тяжелый период?

Я ему рад. А говорить об этом слишком много тоже нельзя, потому что тогда его не пройдут. Люди начнут себя успокаивать, что все нормально: мы идем, всё впереди, так должно быть. Это Творец играет с нами – так что, ничего, все спокойно... Спокойно – и ничего не получится.

То есть тьмы не будет тогда?

Дело даже не только в том, что не будет тьмы. Мы видим, что делает Творец, Он говорит: «Еще раз к фараону!

Глава «По моим законам»

Еще раз к фараону! Давай-ка, мы еще что-нибудь сделаем!» И тут я буду успокаивать? Наоборот.

Да, Он в десятый раз уже приводит к фараону…

Но мы должны пройти. Сколько раз мы читали вместе эти статьи из Торы, где написано: «И был вечер, и было утро – день один». То есть без ночи нет дня, без ночи нет суток, без ночи нет света. День один! То есть необходим сначала вечер, ночь, тьма – и только после этого ты приходишь к свету.

Речь идет о постигающих, о тех, кто идет к цели?

Неважно. Любое состояние, какое бы ни было, все равно оно должно начинаться с отрицания.

Это касается и простого народа? Над народом Израиля сгущаются тучи, все становится напряженно – это тоже приближение ночи?

Да, конечно.

Невозможно иначе. Потому что мы должны выстроить свойство отдачи. Желание к нему может появиться только среди ночи. И мы это должны хорошо запомнить.

Ночь – страдания, отрешенность, слабость, разочарования являются частью нашего пути. Мы должны это всё собирать и устремлять вперед, иначе мы не ощутим день. Потому что нету в Торе ни ночи, ни дня. Только если правильно переработаем все наши ощущения тьмы, мы начнем вместо тьмы ощущать свет.

Что мы будем ощущать как день? Свойство отдачи и любви к ближнему. А сейчас мы ощущаем свойство отдачи и любви к ближнему как ночь, как тьму. Так вот, изменение нашего отношения к тьме вызовет в нас ощущение света вместо тьмы.

Не то, что взошло солнышко и что-то происходит. Мы внутри себя все отрицательные ощущения, связанные с отдачей, с любовью, взаимопомощью, поручительством перерабатываем на положительное отношение к ним и получается вместо ночи – день.

Это во мне всё происходит, в моем отношении к этим качествам. И не может быть другого. Всегда я начинаю с ночи, всегда для меня свойство отдачи – это ночь. И когда я исправляю его, то в инверсном состоянии ощущаю свет, день. Я сам внутри себя определяю, что такое ночь, а что такое день.

Мы затронули тему – день и ночь, и я вспомнил, что РАБАШ, когда у него была такая ночь, он танцевал и пел (так Вы говорили).

Да.

Что вы делаете, когда у вас ночь?

Я вспоминаю его, его настойчивость, его устремленность, его несогласие ни с чем, кроме как с Творцом, его неприятие ничего, кроме методики его отца. И во мне это вызывает приток, если не сил, то, по крайней мере, терпения. Терпения. И без этого я бы, конечно, не смог продолжать. Ведь я тоже не железный, когда уходят ученики, исчезают, я реагирую на это.

Так что я вспоминаю его, это мне дает огромные силы. Скала! Скала. И поэтому, вызывая в себе ощущения принадлежности к этой скале, я получаю силы. Он мне дает! Но это – я. Я думаю, что ученики видят, как я работаю.

Они должны брать с кого-то пример. РАБАШ мне ничего не говорил! Просто я видел человека, который обменял всю свою жизнь на духовное постижение, который в каждое мгновение своей жизни жертвовал собой. У него не было такого, что приходит какая-то проблема – внешняя, внутренняя – и он над ней раздумывает, а потом как-то реагирует. Чему я всегда поражался – его мгновенной реакции. Раз! – и всё! И идет вперед. Это потрясающе!

То есть никаких сомнений…

Ничего! Это на таком уровне происходило… Нас сбрасывает с того места, где мы находимся, и мы ползаем во всяких сомнениях, а у него такая внутренняя реакция мгновенно – и вперед! Это невероятно! А снаружи – абсолютное спокойствие.

А как вы это ощущали тогда?

Я чувствовал его.

От бытовых до духовных решений? Всё?

Нет бытовых. Это всё – духовное. Что может быть бытовое? Это для простого человека есть разница.

Когда вы говорите: «Я привожу 40 неверующих в Бней Брак», – и он принимает решение, понимая, какие последствия будут…

Я даже не об этом говорю, а о более мелких вещах. Очень много было таких состояний, когда я вообще не понимал, что тут особенно возиться с ними. А он конкретно и очень терпеливо возился и уделял время. Я бы пренебрегал этим, а у него были другие расчеты.

Но самое главное – это высшее предназначение. Оно превыше всего и определяет всё. А я лично – раб, просто раб. И мое идеальное состояние – когда я вписываюсь в эту систему как элемент. Хотя я живой элемент, я хочу вписаться и быть в ней как мертвый элемент, выполняющий без всяких задержек ее законы, ее движение. Быть колесиком, не раздумывая! Настолько исправить себя, чтобы двигаться в то же время, в том же направлении, так же – как вся система. Это называется «раб Творца», это полное исправление человека. При этом ты постигаешь полностью Его – абсолютно всю систему и силу, которая ею управляет. Должен быть анализ, решение, прием решения, но всё это происходит на таких частотах, в таком темпе, что начало и конец практически сливаются. Они происходят вне земного времени.

Я УБЬЮ СВОЕГО АМАЛЕКА

Продолжим изучение этих законов: что мы должны делать, и что с нами будет происходить, если мы не будем их выполнять.

В той мере, в которой ты не выполняешь законы, ты сам себе наносишь вред.

Творец – это огромнейшая система, которая управляет тобой и ведет тебя по пути развития к заранее определенному, предназначенному состоянию. Если ты не соответствуешь этому темпу, метаморфозам, которые ты должен пройти, то, конечно, в соответствии с этим ты ощущаешь на себе противоположные этому развитию силы, которые, в свою очередь, вынуждают тебя все-таки меняться.

Глава «По Моим законам»

То есть ты сам определяешь свое следующее состояние. Или подчиняешься этим законам, или не подчиняешься. Если не подчиняешься, то ты сам вызываешь отрицательные силы, которые тебе дают коррекцию и вынуждают тебя подчиниться.

Дальше:

/9/ И ОБРАЩУСЬ Я К ВАМ, И РАСПЛОЖУ ВАС, И РАЗМНОЖУ ВАС, И УКРЕПЛЮ СОЮЗ МОЙ С ВАМИ. /10/ И БУДЕТЕ ЕСТЬ ДАВНО ЗАПАСЕННОЕ, И СТАРОЕ УБИРАТЬ БУДЕТЕ РАДИ НОВОГО. /11/ И УСТАНОВЛЮ ОБИТАЛИЩЕ МОЕ СРЕДИ ВАС, И НЕ ВОЗГНУШАЕТСЯ ДУША МОЯ ВАМИ. /12/ И ХОДИТЬ БУДУ СРЕДИ ВАС, И БУДУ ВАМ ВСЕСИЛЬНЫМ, А ВЫ БУДЕТЕ МОИМ НАРОДОМ.[39]

Что значит «ходить буду среди вас»?

Находиться. «Находиться среди вас» – буду заполнять все пространство между вами свойствами отдачи и любви (это Я), и в таком случае вы будете Моим народом, то есть будете той системой, которая сознательно полностью, с желанием, с любовью воспринимает все Мои законы и ощущает Меня, а Я – вас.

Обращение идет к народу Израиля?

К тому, кто хочет быть таким, как Творец, то есть выполнением этих законов стать подобным Ему. Это значит, что Он по закону подобия находится среди народа.

То есть если захочет даже моавитянин, как тут говорится, становится тем самым народом Израиля?

---

39 Тора, Левит, Бехукотай, 26:9-26:12.

Конечно. Есть только определенные люди или определенные народы, которые были тогда, как Амалек, которые не в состоянии изменить себя. А все остальные могут.

Но и относительно этих народов, когда говорится об уничтожении, то не уничтожении физическом: это люди, у которых есть свойства Амалека, они должны полностью эти свойства стереть и заменить новыми. То есть говорится о тех качествах и количествах, которые мы должны исправить.

В каждом из нас есть Амалек?

Абсолютно в каждом есть всё.

Потому что все мы перемешались между собой, упали с высоты, и в итоге сейчас, в конце нашего последнего изгнания из духовного, мы уже представляем собой абсолютную смесь. И поэтому в каждом из нас есть всё.

И будущее моего Амалека – быть умерщвленным так или иначе?

Да. Мы должны понимать, что мы представляем собой сегодня: каждый из нас включает в себя все человечество, все свойства человеческие. И поэтому мы, во-первых, можем исправить сейчас все человечество, исправляя себя, и кроме того, мы должны понимать, что этим мы прокладываем путь остальным людям, частички которых находятся уже в нас.

Это одно из самых непонятных простому человеку утверждений.

Почему?

Вы говорите: «Весь мир находится внутри меня. И, исправляя свой внутренний мир, я исправляю весь мир вокруг».

Да, это ведь чисто информационная, картина: каждый состоит из всех остальных.

Вы это вводите как аксиому, а человеку это тяжело понять, что мы состоим каждый из всех остальных.

Нет, я бы не сказал, что это проблема: понять это и как-то освоить, что все включают в себя все противоположные свойства. Особенно в сегодняшнем мире – взаимосвязанном, глобальном. Нет, это не так уж сложно.

Дело в том, что если мы не будем так думать, то мы не сможем исправиться.

Мы должны прийти к этой мысли. И вообще все люди должны понимать, что пока не исправится самый последний человечек из семи миллиардов, все человечество не будет исправлено. Потому что в каждом из нас существует его частичка, которую он должен исправить, и тогда включится в нас в исправленном состоянии. А пока его частичка в нас – в неисправленном состоянии. Это аналоговая система, интегральная система, в которой каждая часть состоит из всех частей, кроме самоё себя.

Мы как-то говорили о кино, и вы сказали, что, оно возникло, чтобы человек смог сопереживать с самыми разными людьми. Вот сидит простой нищий, а где-то в Англии принц может сопереживать и ощутить даже этого нищего.

Да. Вся видеопродукция нашего времени и то, что еще будет создано – только для того, чтобы перемешались между собой мы, наши свойства, даже на таких фантастических материалах, как в кино. Чтобы человек, сидя где-то в Сибири, включался во всех остальных по всему миру. Это все-таки информация, и неважно какая.

А НЕ ПРЫГНУТЬ ЛИ МНЕ С 10-ГО ЭТАЖА? ИЛИ ОТ КОРЫТА – К ЗВЕЗДАМ

Если мы вернемся к нашей главе, то дальше звучат угрозы.

Это не угрозы – это условия!

Есть система: нажмешь сюда – будет так, нажмешь на это – будет иначе, дернешь – будет так. Это не угрозы, это просто перечисление твоих правильных и неправильных действий и реакция, которая будет следовать за ними. Есть перед тобой машина, схема, которую ты не знаешь, на ней тысяча кнопок, и тебе говорится, что будет, если ты нажимаешь на ту или другую кнопку. Это не угрозы!

Это техника безопасности?

Да, это знакомство с системой мироздания: каким образом можно ее правильно использовать, ради собственного благополучия и ради выполнения программы творения, то есть достижения слияния с Творцом. И наоборот – чего не надо делать, потому что эти желания, действия, эти свойства будут противоположны программе. Тебе дается свобода, но тебя предупреждают.

Ты можешь сказать: «Какая же это свобода?!»

Да. Где она?

Я хочу спрыгнуть с десятого этажа, а Ты сделал так, что я разобьюсь. А Ты не делай так, что я разобьюсь, тогда у меня будет свобода – прыгнуть или не прыгнуть. А так у меня нет свободы, я не прыгаю.

У меня есть студенты, которые говорят: «Здесь хотят полностью убрать мое «я». А я не хочу. Я есть я».

«Я есть я» – это значит мое животное, и не более того, которое запрограммировано, детерминировано, которое действует только в соответствии со своим маленьким животным эгоизмом и больше никак. И оно сопротивляется: «А где же я?! – сказала свинья и презрительно посмотрела на людей».

Что значит «я»?! Нет этого «я»! Здесь тебе дают подняться до уровня Творца. Тебе объясняют: «То, что ты сейчас находишься в нынешнем состоянии, это заранее задано. А теперь ты должен пройти по определенным ступеням, дойти до определенного состояния. Если ты будешь выполнять эти законы, ты с помощью выполнения их вырастишь из себя над своим сегодняшним животным состоянием – другое существо.

Это другое существо, которое возникнет при выполнении этих законов, войдет другую систему. Ты вырастешь, встанешь в полный рост, благодаря выполнению этих законов, ты оттуда сможешь управлять всем мирозданием вместо Творца. Ты будешь все знать, все понимать и действовать абсолютно свободно.

А сейчас, в твоем состоянии, ты находишься в маленьком животном теле и думаешь только о том, чтобы оно лежало в своей грязи и хрюкало от удовольствия. Поэтому твое «я» – это не более, чем поросеночек. Давай-ка мы из него начнем делать человека.

А ты говоришь: «Нет, я не хочу, хрю-хрю, я не хочу». Тогда тебе говорят: «Мы ничего с тобой не можем сделать, у нас есть своя программа. Давайте, пустите сюда свиновода, пускай он этими хрюшками займется». И мы начинаем получать удары.

То есть выбора у тебя, на самом деле нет.

Мы все равно сделаем из тебя человека?

Да. Эта программа запущена.

Поэтому это не угрозы – это, наоборот, предложение тебе самостоятельно, исправляя себя, свое отношение к этим законам, принять их. Достичь состояния, когда я хочу знать, но пока не знаю. Я хочу выполнять. Что такое «ради отдачи»? Что такое «любить ближнего»? Что такое «выйти из себя, из собственной шкуры, ощутить мир вне себя»? Что такое «действовать без всякой связи, без всякого расчета с собой»?

Это уже вопросы человека?

Да. То есть я хочу, но еще не знаю как, не понимаю, как и не знаю, где меня научат. «В каббалисты б я пошел, пусть меня научат».

Прежде чем это произойдет, есть предупреждение, не угроза, как вы сказали, а предупреждение.

/14/ НО ЕСЛИ НЕ ПОСЛУШАЕТЕ МЕНЯ И НЕ БУДЕТЕ ИСПОЛНЯТЬ ВСЕ ЗАПОВЕДИ ЭТИ, /15/ И ЕСЛИ УСТАНОВЛЕНИЯМИ МОИМИ ПРЕНЕБРЕГАТЬ БУДЕТЕ, И ЕСЛИ ЗАКОНАМИ МОИМИ ВОЗГНУШАЕТСЯ ДУША ВАША, ТАК ЧТО НЕ БУДЕТЕ ВЫ ИСПОЛНЯТЬ ВСЕХ МОИХ ЗАПОВЕДЕЙ, НАРУШАЯ СОЮЗ МОЙ, /16/ ТО ПОСТУПЛЮ Я С ВАМИ ТАК:

И ПОШЛЮ НА ВАС УЖАС, ЧАХОТКУ И ГОРЯЧКУ, ТОМЯЩИЕ ГЛАЗА И МУЧАЮЩИЕ ДУШУ; И БУДЕТЕ

СЕЯТЬ НАПРАСНО СЕМЕНА ВАШИ, И СЪЕДЯТ ИХ ВРАГИ ВАШИ. /17/ И ОБРАЩУ ЛИЦО МОЕ К ВАМ, И БУДЕТЕ ПОРАЖЕНЫ ВРАГАМИ ВАШИМИ, И БУДУТ ВЛАСТВОВАТЬ НАД ВАМИ НЕНАВИСТНИКИ ВАШИ, И ПОБЕЖИТЕ, ХОТЯ НИКТО НЕ БУДЕТ ГНАТЬСЯ ЗА ВАМИ.[40]

Потому что сам твой страх, твои большие от страха глаза, – это будет тебя преследовать.

Потому что все внутри человека.

Что это: «Чахотка, томящие глаза будут мучить душу вашу, семена ваши будете напрасно сеять»?

Это всё – страх собственной тени.

А это: «И обращу лицо Мое к вам, и будете поражены врагами вашими»?

Лицо Творца, если ты не подготовлен, – это страшная тьма. Это самый большой ужас вообще, который может быть у человека, когда возникает перед ним свойство отдачи, а он противоположен ему.

Хуже и быть не может! И все построено на том, чтобы мы подготовили себя к Его раскрытию.

То есть лицо будет обращено, только когда мы будем готовы?

Да.

---

[40] Тора, Левит, Бехукотай, 26:14-26:17.

СВЕТ ТЬМЫ

Но оно будет обращено?

Да. Он обращает свое лицо к нам, но нам это кажется не лицом, а страшным ликом, потому что мы не подготовлены. Мы инвертируем, как бы переворачиваем эту картину.

Это то, что вы говорите все время: «Сейчас отдача нам покажется самым ужасным наказанием»?

Да, конечно. *Сказано*: «Коль а-посэль бэ-мумо посэль». Я сам строю тьму из своих внутренних неправильных представлений.

А мы находимся полностью в свете Бесконечности.

А эти угрозы: чахотка, «ужас пошлю на вас», горячка, томящие глаза, – что это такое?

Это страдания человека, который не воспринимает правильно добрые состояния Творца. Творец ему раскрывает эти добрые состояния, потому что пришло уже время. И вместо того, чтобы правильно ощутить их добрыми, несущими свет, жизнь, благо, он ощущает, как чахотку, как горячку и так далее. То есть это все его ощущения. Человек ощущает свет как тьму, потому что не подготовлен к правильному восприятию света.

/17/ ...ХОТЯ НИКТО НЕ БУДЕТ ГНАТЬСЯ ЗА ВАМИ.

Что это такое? Имеется в виду, что все время есть свет?

Конечно. И это всё – внутри человека.

От Творца никогда ничего не скрывается. И Он ничего не скрывает, Он наоборот раскрывает. Но раскрытие для неподготовленного человека несет ужас, настолько оно ему противоположно. Нет ничего более ужасного, чем раскрытия свойства отдачи. Любви. Это ужас для нас. Потому что это невероятно! Это ощущение чего-то такого, что для меня смертельно. Для моего эгоизма – это смерть и даже хуже. Я этого не понимаю, я не могу это в себя вобрать! Я не могу это абсорбировать в себе.

Но опять-таки, «если не послушаетесь» – то есть если не будете себя исправлять, то тогда вы ощутите Мое хорошее воздействие в противоположном свете.

Дальше так и сказано:
/18/ НО ЕСЛИ И ТОГДА… НЕ ПОСЛУШАЕТЕСЬ МЕНЯ, ТО УВЕЛИЧУ Я НАКАЗАНИЕ ВАШЕ ВСЕМЕРО ПРОТИВ ГРЕХОВ ВАШИХ. /19/ И СЛОМЛЮ ГОРДЫНЮ МОГУЩЕСТВА ВАШЕГО, И СДЕЛАЮ НЕБО ВАШЕ, КАК ЖЕЛЕЗО, И ЗЕМЛЮ ВАШУ, КАК МЕДЬ. /20/ И ПОПУСТУ ИСТОЩАТЬСЯ БУДЕТ СИЛА ВАША, И НЕ ДАСТ ЗЕМЛЯ ВАША УРОЖАЯ СВОЕГО, И ДЕРЕВЬЯ ЗЕМЛИ НЕ ДАДУТ ПЛОДОВ СВОИХ.[41]

Что такое «наказание ваше – всемеро против грехов ваших»? Почему всемеро?

Потому что вместо правильного состояния ЗОН – шесть сфирот зеир анпина и малхут седьмая – ты получишь только одну темную малхут. Это называется «аярат малхут» (свечение малхут).

Однажды я в ужасе спросил у РАБАШа: «Что это за состояние у меня такое?» Он вошел в него немножко, почувствовал, и говорит: «Это аярат а-малхут». То есть это тьма, бездна, которая у тебя под ногами, и ужас, который

---
[41] Тора, Левит, Бехукотай, 26:18-26:19.

сковывает тебя от этой тьмы. И ты ничего не можешь сделать. Просто все замирает.

Тогда оно было первый раз. И я у него спросил.

А сколько оно длится?

Длилось оно, мне кажется, несколько мгновений – я не знаю даже. Это может быть тысячная доля секунды. Не имеет значения по времени.

Остается этот отпечаток, этот страх?

Обязательно! Ничего не пропадает вообще! Но это состояние – его можно как-то извлечь из памяти и частично его пережить.

Это и есть «всемеро»? Это и есть малхут?

Да. Когда малхут одна, в нее не светит зеир анпин. Или наоборот он ей светит, но она ощущает его свет как тьму, тогда это называется «аярат а-малхут» (свечение малхут). Чем оно светит? Тьмой. Бездной, действительно бездной.

Есть свет тьмы?

Да, да. Он такой – всепоглощающий, абсолютно черное тело.

Это есть свет?

Это есть свет. Свет малхут.

Дальше:

/21/ ЕСЛИ ЖЕ ПОЙДЕТЕ ВЫ НАПЕРЕКОР МНЕ И НЕ ЗАХОТИТЕ СЛУШАТЬ МЕНЯ, ТО ПОРАЖУ Я ВАС ВСЕМЕРО ПРОТИВ ГРЕХОВ ВАШИХ. /22/ И НАШЛЮ НА

ВАС ЗВЕРЕЙ ПОЛЕВЫХ, И ОНИ ЛИШАТ ВАС ДЕТЕЙ, И ИСТРЕБЯТ СКОТ ВАШ, И УБАВЯТ ВАС, И ОПУСТЕЮТ ДОРОГИ ВАШИ.[42]

Что такое «напустить диких зверей»?

То есть начинается активное исправление человека с помощью порожденных им же отрицательных сил, свойств.

Это и есть дикие звери?

Да. Но это всё – аллегория. Это описывать невозможно, потому что это проходит внутри человека в его чувствах.

ЕСЛИ ДРУГ ОКАЗАЛСЯ ВДРУГ...

Мы хотя бы касаемся этого.

Да, допустим. Представь себе, что ты находишься со своей семьей в джунглях в шалаше, как наши человеческие предки 50000 лет назад. И вдруг происходит какая-то суматоха в джунглях: нашествие львов, тигров – и все вокруг вас сбегаются и кружатся вокруг – волки, медведи...

Это и есть тот страх, который я испытываю?

Нет, это не то, конечно. Но так аллегорически тебе, как человеку, связанному с кино, я рассказываю.

С чем же сравнить можно? Такая длительная изматывающая угроза жизни. Причем, мы ведь согласны были бы и вообще отказаться от нее, но нас эта высшая система

---

42 Тора, Левит, Бехукотай, 26:21-26:22.

ставит в состояние, когда ты начинаешь защищаться, ты начинаешь дорожить своей жизнью.

До этого ты уже хотел от нее отказаться.

Да, конечно! Возьмите ее и всё, спасибо скажу. А здесь она тебе начинает быть дорога, и ты не знаешь, куда убежать и что делать! И ты доходишь до состояния, когда ты предаешь и друзей, и семью, и куда-то убегаешь. То есть тебе показывают – кто ты на самом деле. И, конечно, человек раскрывает свою природу. Хорошее познание, правильное!

Сейчас был снегопад в Непале, и 40 человек погибло, в том числе и ребята-израильтяне. Я по радио услышал потрясающие истории. Парень рассказывает, как он оставляет своего друга, уходит и в какой-то момент просто понимает, что он сделал, возвращается, и не находит его уже. И дальше он с этим живет.

Это всё делается специально с людьми.

Чтобы человек понял свою природу?

Да.

Еще четвертая угроза:

/23/ А ЕСЛИ И ПОСЛЕ ЭТОГО НЕ ИСПРАВИТЕСЬ У МЕНЯ И ПОЙДЕТЕ ПРОТИВ МЕНЯ, /24/ ТО ПОЙДУ И Я ПРОТИВ ВАС, И ПОРАЖУ ВАС И Я ВСЕМЕРО ПРОТИВ ГРЕХОВ ВАШИХ.

/25/ И НАВЕДУ НА ВАС МЕЧ, МСТЯЩИЙ ЗА НАРУШЕНИЕ СОЮЗА, И БУДЕТЕ СОБИРАТЬСЯ В ГОРОДА ВАШИ, НО НАВЕДУ Я НА ВАС ЯЗВУ, И БУДЕТЕ

ГЛАВА «ПО МОИМ ЗАКОНАМ»

ПРЕДАНЫ В РУКИ ВРАГА. /26/ КОГДА СОКРУШУ У ВАС ОПОРУ ХЛЕБНУЮ.

И дальше написано:
/26/ КОГДА СОКРУШУ У ВАС ОПОРУ ХЛЕБНУЮ, ТО ДЕСЯТЬ ЖЕНЩИН БУДУТ ПЕЧЬ ХЛЕБ ВАШ В ОДНОЙ ПЕЧИ, И ВОЗВРАЩАТЬ БУДУТ ХЛЕБ ВАШ ВЕСОМ; И ВЫ БУДЕТЕ ЕСТЬ, И НЕ НАСЫТИТЕСЬ.[43]

Что это значит, что хлеб будет, ты будешь есть его и не насытишься?

Не поможет тебе никакое наполнение. Тот же свет хасадим, который должен исправить нас и поднять на духовный уровень, он будет проявляться в самых изощренных, жестоких формах, потому что мы к нему не подготовлены. И мы видим эти проблемы, которые затем все последующие сотни лет так и реализовывались в нашем мире, вплоть до последней катастрофы. Это всё четко прописано по одной и той же системе – наше несоответствие тому уровню, на котором мы должны уже быть. Оно вызывает коррекции в таком виде.

Я зачитаю еще последнюю угрозу, потому что она, в принципе, напоминает пророков, которые говорили потом об этом. Здесь написано так:
/27/ А ЕСЛИ И ПОСЛЕ ЭТОГО НЕ ПОСЛУШАЕТЕ МЕНЯ И ПОЙДЕТЕ ПРОТИВ МЕНЯ, /28/ ТО В ЯРОСТИ ПОЙДУ Я ПРОТИВ ВАС И НАКАЖУ ВАС ВСЕМЕРО ПРОТИВ ГРЕХОВ ВАШИХ. /29/ И БУДЕТЕ ЕСТЬ ПЛОТЬ СЫНОВЕЙ ВАШИХ, И ПЛОТЬ ДОЧЕРЕЙ ВАШИХ БУДЕТЕ ЕСТЬ. /30/ И УНИЧТОЖУ Я ВОЗВЫШЕНИЯ ВАШИ, И РАЗРУШУ СОЛНЕЧНЫЕ КУМИРНИ ВАШИ, И ПОВЕРГНУ

---

43 Тора, Левит, Бехукотай, 26:23-26:26.

ТРУПЫ ВАШИ НА РАСПАВШИХСЯ ИДОЛОВ ВАШИХ, И ВОЗГНУШАЕТСЯ ДУША МОЯ ВАМИ.[44]

Вообще-то люди не раз уже демонстрировали такое состояние, когда во времена чудовищного голода съедали своих детей.

Если говорить о материальном, то да, было.

В материальном мире, конечно. Это есть и у крокодилов, и у каких-то других животных, и у человека, как у животного. Естественно. Надо смотреть правде в лицо!

Написано, что может быть такое состояние в наше время, когда в Иерусалиме самые благостные женщины будут варить своих детей и будут этим питаться. Не говорится о том, что люди сходят с ума и не понимают, что они делают, это такое состояние, которое наводится на них их неисправленными свойствами, и они это будут слепо выполнять.

Почему внутри нас именно это?

Внутри нас самое низкое состояние, которое говорит об абсолютнейшем несогласии с программой Творца. И оно вполне может проявиться. Если мы и дальше будем пренебрегать, презирать установки Высшей природы, Творца, то нас та же Высшая природа просто приведет к такому состоянию.

То есть она приводит к состоянию, что мы уничтожаем свое будущее?

Да. Помнишь у Чаплина когда он видит своего толстого друга, как цыпленка, на подносе

---

44 Тора, Левит, Бехукотай, 26:27-26:30.

Это «Золотая лихорадка». Вдруг он от голода видит, что это – большая курица и начинает за ним бегать с вилкой.

Да, да. И то, что сказано в Торе, можешь быть уверен, это вполне может произойти. Мы уже видим эти проявления!

Съедая своих детей, человек уничтожает свое будущее?

Это всё говорится на духовном уровне. Но на животном уровне мы можем до этого дойти, увы. То, что говорит Тора, это верно на всех уровнях.

Давайте вместе будем учиться, как любить друг друга.

ПРИЗНАНИЕ В ИЗМЕНЕ

Дальше сказано:

/39/ А ОСТАВШИЕСЯ ИЗ ВАС БУДУТ СТРАДАТЬ ЗА ВИНУ СВОЮ В СТРАНАХ ВРАГОВ ВАШИХ, И ЗА ВИНУ ОТЦОВ ИХ С НИМИ ОНИ БУДУТ СТРАДАТЬ. /40/ ТОГДА ПРИЗНАЮТСЯ ОНИ В ПРОВИННОСТИ СВОЕЙ И В ПРОВИННОСТИ ОТЦОВ ИХ, В ИЗМЕНЕ ИХ, КОГДА ИЗМЕНИЛИ МНЕ, И В ТОМ, ЧТО ШЛИ НАПЕРЕКОР МНЕ. /41/ И Я ПОЙДУ НАПЕРЕКОР ИМ, И УВЕДУ ИХ В СТРАНУ ВРАГОВ ИХ, И ТОГДА ПОКОРИТСЯ НЕПОКОРНОЕ СЕРДЦЕ ИХ, И ТОГДА ИСКУПЯТ ОНИ ВИНУ СВОЮ.[45]

Здесь мы видим точку переворота.

Да. Необходима будет очень жесткая внешняя сила, которая задавит эгоизм народа Израиля и вынудит их поступать как надо. Самыми жесткими методами.

---

45 Тора, «Левит», «Бехукотай», 26:39-26:41.

То есть путь здесь понятен – путь страданий?

Да.

И чтобы признались «в измене их, когда изменили Мне…»

Да. И из этого они осознают всё, что прошли и насколько отклонились от своего предназначения. И должны будут с полным осознанием вернуться к выполнению своей обязанности в общей массе человечества.

Вы можете сказать, как звучит признание в измене?

Для этого надо раскрыть людям глаза на то, что происходит, на существование двух сил природы, на то, как они обязаны действовать.

Они должны дорасти до осознания своей обязанности?

Да, естественно! Невозможно требовать от них большего, а только в соответствии с тем, насколько растет человек.

Ты видишь, когда ребенок начинает понимать, что он находится в каких-то рамках?

Он идет в садик, ему начинают объяснять: так правильно, так – нет. Потом он идет в школу: можно так, а это нельзя, а это так. Потом, где-то в 14-15 лет ему уже говорят: «Смотри, осторожно, есть милиция-полиция и пр. Ты уже становишься маленьким человеком. К тебе уже будут относиться так или иначе. Это нельзя».

После 18-ти лет еще существуют какие-то смягчения для молодежи, студентов. Правоохранительные органы понимают, что это еще период дурачества, но все-таки уже относятся к ним почти как к зрелым людям, хотя и не совсем.

А к 30, и тем более к 40 годам – уже взрослые люди, к ним уже относятся со всей строгостью, принимая во внимание, может быть, индивидуальные психические, психологические проблемы.

То есть мы должны довести человека до состояния, когда он может осознать требования к нему и выполнять их. Только в таком случае можно с него спрашивать. Поэтому мы проходим огромный тысячелетний период осознания, подготовки к этому.

Но проблема в том, что даже все страдания, которые мы пережили до сегодняшнего дня, не помогают. Кажется, неужели было недостаточно страданий?!

Возьмем, к примеру, приезд в Израиль переселенцев в конце XIX века. Стремились, готовы были все отдать, организовали кибуцы. Страшное дело, как они жили, как работали. Непривычная жара. Нападения арабов. Болели малярией, осушали болота. Прошло 10-20 лет – все это стало исчезать. Началась вторая алия, третья – уже не те люди. Только после Холокоста началась новая волна алии: беженцы, искавшие убежища.

Но все равно мы видим, как угасают все стремления.

Почему? Все пережитое забывается?

Потому что эгоизм постоянно возобновляется. И то, что происходило вчера, ему не верится, что это может быть и на сегодняшнем уровне. Человек собственно, не виноват. Он каждый день – новый.

Это удивительно. И в Германию вернулись, и снова те же 600 тысяч, которые были до войны. И продолжают жить там.

Я не думаю, что это закончится хорошо. Необходимо им объяснять. Поэтому самое главное для нас – распространение и воспитание, обучение.

Со словом «каббала» или нет?

Я думаю, что да. Иначе люди не поверят, не будут к этому серьезно относиться. Но для того, чтобы дать человеку возможность раскрыть уши, чтобы вообще обратил внимание, повернулся в твою сторону, ты должен его привлечь тем, что ему сегодня важно. А что важно сегодня? Воспитание детей, благосостояние.

Поэтому надо обращаться к этим темам, а когда начинают слышать – работать дальше.

Сколько же это займет времени, пока доберешься, пока услышат?!

Я прожил уже достаточно лет, я думаю, что эффект есть. Так что, надо просто продолжать. Просто систематически бить и бить в одну и ту же точку распространения принципа единства мира, народа.

ПОБЕГ НЕВОЗМОЖЕН

Продолжим дальше:

/44/ НО ПРИ ВСЕМ ЭТОМ, КОГДА БУДУТ ОНИ В СТРАНЕ ВРАГОВ СВОИХ, НЕ СТАНУТ ОНИ МНЕ ОТВРАТИТЕЛЬНЫ, И НЕ ВОЗГНУШАЮСЬ ИМИ ДО ТОГО, ЧТОБЫ ИСТРЕБИТЬ ИХ, ЧТОБЫ НАРУШИТЬ СОЮЗ МОЙ С НИМИ; ИБО Я – БОГ, ВСЕСИЛЬНЫЙ ИХ.[46]

---

46   Тора, «Левит», «Бехукотай», 26:44.

Да. Потому что эта идея и эта миссия, которая возложена на эту часть человечества, называемую «народ Израиля», не может быть отменена или передана кому-то другому.

Это не передается никак. Это зависит от внутренней основы души в каждом народе. Если она произошла из Гальгальта Эйнаим, из светлой части общей души, которая откликнулась на зов Авраама, то никуда не денешься, ее невозможно изменить, убрать. Эта часть остается, она и рождает вокруг себя материальное тело в каждом поколении. И таким образом все двигаются вперед.

То есть мы не можем отречься от этой частицы света?

Нет, нельзя. Даже если бы захотели, это невозможно. Говорится о неизменной части общего желания, созданного Творцом. Эта часть, Гальгальта Эйнаим, самая маленькая часть и самая прозрачная, самая близкая к свойству отдачи, – она должна выполнить свое предназначение. Она называется народом Израиля. И никуда не денешься, это закон. Это информационная точка связи между нашим миром и Высшим миром.

Это и есть народ Израиля?

Да.

И побег невозможен…

/1/ И ГОВОРИЛ БОГ, ОБРАЩАЯСЬ К МОШЕ, ТАК: /2/ «ГОВОРИ С СЫНАМИ ИЗРАИЛЯ И СКАЖИ ИМ: ЕСЛИ КТО-НИБУДЬ ПО ОБЕТУ ПОСВЯЩАЕТ КАКУЮ-ЛИБО ДУШУ БОГУ ПО ОЦЕНКЕ, /3/ ТО ПРИ ОЦЕНКЕ МУЖЧИНЫ В ВОЗРАСТЕ ОТ ДВАДЦАТИ ДО ШЕСТИДЕСЯТИ ЛЕТ ОЦЕНКА ТВОЯ ДОЛЖНА БЫТЬ ПЯТЬДЕСЯТ

ШЕКЕЛЕЙ СЕРЕБРЯНЫХ, ШЕКЕЛЕЙ СВЯЩЕННЫХ, /4/ А ЕСЛИ ЭТО ЖЕНЩИНА, ТО ОЦЕНКА ТВОЯ ДОЛЖНА БЫТЬ ТРИДЦАТЬ ШЕКЕЛЕЙ.[47]

И дальше:
/7/ А ЕСЛИ ОТ ШЕСТИДЕСЯТИ ЛЕТ И СТАРШЕ, ТО ОЦЕНКА ТВОЯ МУЖЧИНЕ ДОЛЖНА БЫТЬ ПЯТНАДЦАТЬ ШЕКЕЛЕЙ...[48]

Что это такое? Что это за оценки такие?

Это величина желания.

Тут написано: «...посвящает какую-либо душу Богу по оценке».

Это мощь его желания, которую он должен выразить в связи с Творцом.

Почему это в шекелях?

Шекель – это тяжесть. Шекель – это, как килограмм.

Это мера силы желания, которую надо требовать от человека, который называется мужчиной, в возрасте, допустим, до 60-ти лет, или от женщины.

С какой силой они могут работать на отдачу. И быть в этом подобными Творцу и связанными с Ним.

Если мы представляем: вот весы, вот мужчина 60-ти лет, а напротив него 15 шекелей – это сила желания, которую он должен дать, и тогда это уравновешенная система?

Да.

Дальше все идет вокруг оценки:

---

47 Тора, «Левит», «Бехукотай», 27:01-27:04.
48 Тора, «Левит», «Бехукотай», 27:07.

ГЛАВА «ПО МОИМ ЗАКОНАМ»

/9/ А ЕСЛИ ЭТО СКОТ, ИЗ КОТОРОГО ПРИНОСЯТ ЖЕРТВУ БОГУ, ТО ВСЕ, ЧТО ЧЕЛОВЕК ОТДАСТ...[49]

То есть животные желания человека – не мужчин**ы**, не человеческие желания, а животные, а затем растительные, затем земные. Все эти виды желания: ноль, один, два, три, четыре – 5 видов желаний, 5 уровней желаний, каким образом они должны быть скомбинированы с другими желаниями, для того чтобы работать на полную отдачу.

Здесь написано.

...ТО ВСЕ, ЧТО ЧЕЛОВЕК ОТДАСТ ИЗ ЭТОГО СКОТА БОГУ, ДОЛЖНО БЫТЬ СВЯТО.[50]

Что это означает?

Всё с намерением ради Творца. Это святость. Свойство отдачи.

Дальше есть такие выражения.

/11/ ЕСЛИ ЖЕ ЭТО КАКАЯ-НИБУДЬ СКОТИНА НЕЧИСТАЯ, КАКОЙ НЕ ПРИНОСЯТ В ЖЕРТВУ БОГУ, ТО ПУСТЬ ПРЕДСТАВИТ СКОТИНУ КОhЭНУ. /12/ И ОЦЕНИТ ЕЕ КОhЕН – ХОРОША ОНА ИЛИ ПЛОХА...[51]

Поясните о работе коэна.

Дело в том, что в нас существует огромное количество желаний. Есть желания, которые невозможно исправить, чтобы они работали сами по себе на отдачу. Они могут работать не прямым образом, а альтернативно. Допустим, тот же осел: скушать ты его не можешь – это

---

49 Тора, «Левит», «Бехукотай», 27:09.
50 Тора, «Левит», «Бехукотай», 27:09.
51 Тора, «Левит», «Бехукотай», 27:11-27:12.

нечистое животное, привести его для жертвоприношения в Храм тоже не можешь. А каким образом он может участвовать в общей системе управления, – тем, что он делает свое дело.

И так всё в природе. То есть ты ничего не можешь уничтожать, ты должен просто правильно использовать все, что перед тобой. Но, а в принципе, ведь говорится о наших внутренних желаниях. Это то, что я должен в себе проанализировать, расставить, отсортировать, распределить и исправлять постепенно, постепенно, чтобы каждое мое желание каким-то образом было направлено на отдачу.

То есть, через коэна надо видеть всю реальность, включая осла?

Только в самой верхней точке своего состояния я могу это сделать. Коэн – это точка соприкосновения с Творцом.

Человек должен найти в себе коэна и через него смотреть на мир?

Да. И больше ничего. И тогда он будет правильно анализировать все, что перед ним.

Что такое взгляд через коэна на мир?

Через свойство отдачи я смотрю на мир, и тогда я вижу, что все находятся более или менее в исправленном состоянии, только я не исправлен.

И тогда я себя постоянно подтягиваю до такого состояния, когда четко вижу, как я должен влиять на мир, чтобы прийти к полному правильному взаимодействию со всем человечеством. Вот это проблема.

Тогда человек будет видеть, что от него зависит весь мир. Это – точка коэна. И поэтому он становится учителем. Поэтому он становится святым народом: «и вы будете Мне народом коэнов». То есть учителями. То есть заботящимися обо всем человечестве.

К этому и надо привести народ? Весь народ должен быть в таком состоянии?

Да.

СКОТОВОДЫ ИЛИ ЗЕМЛЕПАШЦЫ?

/16/ А ЕСЛИ ЧЕЛОВЕК ПОСВЯТИТ ПОЛЕ ИЗ СОБСТВЕННОГО ВЛАДЕНИЯ БОГУ, ТО ОЦЕНКА ТВОЯ ДОЛЖНА БЫТЬ ПО МЕРЕ ПОСЕВА ЕГО: ЗА ПОСЕВ ХОМЕРА ЯЧМЕНЯ ПЯТЬДЕСЯТ СЕРЕБРЯНЫХ ШЕКЕЛЕЙ.[52]

И дальше целая страница о поле:

/19/ ЕСЛИ ЖЕ ЗАХОЧЕТ ВЫКУПИТЬ ПОЛЕ ПОСВЯТИВШИЙ ЕГО, ТО ПУСТЬ ПРИБАВИТ ОН ПЯТУЮ ЧАСТЬ СЕРЕБРА К ОЦЕНКЕ ТВОЕЙ, И ОСТАНЕТСЯ ОНО ЗА НИМ. /20/ ЕСЛИ ЖЕ ОН НЕ ВЫКУПИТ ПОЛЯ, ИЛИ ЕСЛИ ПОЛЕ ПРОДАНО ДРУГОМУ ЧЕЛОВЕКУ...[53]

Почему вокруг поля столько указаний?

Поле – это самые низкие желания, самые примитивные, которые человек может использовать, в принципе. Это первородное желание – земля, но с его помощью, прикладывая усилие, ты можешь развить это желание до

---

52 Тора, «Левит», «Бехукотай», 27:16.
53 Тора, «Левит», «Бехукотай», 27:19-27:20.

растительного уровня, растительный — в животный, а животный — в человеческий. Поэтому поле является основой всей нашей работы.

Самое главное – относиться к полю, как к возможности достичь высшего духовного уровня. Поэтому и в Библии очень много говорится о поле, о купле, продаже, завоевании территорий, – имеется в виду совершенно не то, что у нас сейчас в мире происходит. А именно рост желаний из земли, из нулевых желаний – первое, второе, третье, четвертое. То есть неживое, растительное, животное, человеческое. Это и есть работа в поле.

Естественно, в поле растут и сорняки, и растут деревья, приносящие плоды, и деревья, не приносящие плоды. Есть поле, в котором пасутся стада и водятся дикие звери. То есть земля – это всё. Это основа всего существующего: основное желание, базисное желание, из которого затем человек развивает всё остальное.

То есть это следствие духовной работы – истребить сорняки…

Это всё духовная работа. Это естественным образом у нас получается, потому что нас подталкивают силы развития, а в духовном мире человек начинает с нуля. Он поначалу только осваивает, что это за желание, и что он должен с ним делать.

Но евреи были в основном скотоводами, а не землепашцами?

Нет. Мы можем это видеть на многих примерах: «не оставляй края поля своего» (или оставляй), «освежите меня яблоками», – они выращивали оливки, рожь, пшеницу. Пшеница, кстати, пошла именно из Израиля и распространилась по миру. Есть на эту тему целые книги, диссертации о том, как обрабатывали землю, какие сельскохозяйственные продукты от нее получали.

То есть земля обрабатывалась все время?

Да, и это была не просто земля для выгона скота – это было, на самом деле, поле. Поле, сады, участки, виноградники, огороды – мы видим это всё в источниках.

Написано:

/20/ ЕСЛИ ЖЕ ОН НЕ ВЫКУПИТ ПОЛЯ, ИЛИ ЕСЛИ ПОЛЕ ПРОДАНО ДРУГОМУ ЧЕЛОВЕКУ, ОНО УЖЕ БОЛЬШЕ НЕ МОЖЕТ БЫТЬ ВЫКУПЛЕНО. /21/ И СТАНЕТ ЭТО ПОЛЕ, ПРИ ОТХОДЕ ЕГО В ЮБИЛЕЙНЫЙ ГОД, СВЯТЫНЕЙ БОГУ, КАК ПОЛЕ ПОСВЯЩЕННОЕ.[54]

Это состояние, когда все возвращается обратно к своим владениям. Проходит 7 лет или проходит 49 лет, на пятидесятый год – возвращение, прощение долгов, и всё возвращается обратно.

В духовном мире это очень сложная система, но она тоже действует таким образом. То есть мы работаем, работаем над своими желаниями, и в пятидесятый год мы достигаем уровня, когда эти желания перерастают на следующую ступень.

ВОТ ТЕБЕ ДОЛЛАР. ИДИ И РАБОТАЙ

Правильно ли с точки зрения духовного, стремление оставить наследство детям?

---

54 Тора, «Левит», «Бехукотай», 27:20-27:21.

Нет, человек должен об этом заботиться. Должен заботиться о себе, чтобы не упасть на руки общества, он должен заботиться о детях, должен обучать их ремеслам и оставлять им что-то. Но не рассказывать и не показывать то, что им оставляет. Тора советует не рассказывать детям о том, что у тебя есть какое-то богатство. Ни в коем случае! Потому что этим ты очень портишь ребенка. Мы можем очень многое почерпнуть, внимательно читая Тору.

Если ребенок знает, что он получит все от родителей, то это его уже в молодости настраивает на определенный образ жизни, и он просто ждет: «Придет время – я получу все от родителей. А сейчас я живу с ними, под ними – не важно». Ему не надо ничего делать в жизни. Так что ни в коем случае этого рассказывать нельзя. Наоборот, надо довольно жестко требовать, чтобы он должен зарабатывал сам.

Надо проявлять последовательную строгость, какую мы наблюдаем, когда нас растят духовно. Нам дают условия – мы должны их выполнять. Если мы не выполняем их, нам дают более жесткие условия, и так далее.

То есть подход некоторых миллионеров, которые дают доллар своему сыну и говорят: «Ты должен заработать сам, как я заработал», – это правильно?

Да, иди из дому и работай, добивайся всего сам. Не ожидай, что все перейдет от папы.

Заканчивается эта глава так:

/31/ ЕСЛИ ЖЕ КТО-НИБУДЬ ЗАХОЧЕТ ВЫКУПИТЬ ЧТО-ЛИБО ИЗ ДЕСЯТИНЫ СВОЕЙ, ТО ПУСТЬ ПРИБАВИТ К ЭТОМУ ЕГО ПЯТУЮ ДОЛЮ. /32/ И ВСЯКУЮ ДЕСЯТИНУ ИЗ КРУПНОГО И МЕЛКОГО СКОТА, ВСЕ, ЧТО

ГЛАВА «ПО МОИМ ЗАКОНАМ»

ПРОХОДИТ ПОД ПОСОХОМ ДЕСЯТЫМ, СЛЕДУЕТ ПОСВЯЩАТЬ БОГУ. /33/ НЕЛЬЗЯ РАЗБИРАТЬ, ХОРОШЕЕ ОНО ИЛИ ПЛОХОЕ, И НЕЛЬЗЯ ЗАМЕНЯТЬ ЕГО.[55]

Речь идет о десятине. Что это такое?

Десятую часть мы никогда не можем исправить. Она должна быть просто выделена из всех наших усилий и передана Творцу. Через коэнов, через левитов мы это передаем – это как маасэр. То же самое, как эта десятая часть есть у нас – пэа, так называемая, – в поле. И есть части, которые мы должны отделить от животных, которыми мы питаемся.

То есть все, что только есть в человеке, десятая часть всего того, что проходит через него, должна быть отдана на благо общества.

То есть я могу жить на свой заработок, если я отделил от него десятую часть? От чистого дохода?

Сначала человек отделяет десятину, а все остальное – его.

Тогда не было чистого или «грязного» дохода, тогда был просто доход.

И я отделяю десятую часть – без раздумий?

Да. Там есть разный расчет но, в общем, да.

Итак, мы закончили главу «По законам Моим».

Все законы говорят только об одном: о том, как нам быть правильно связанными вместе, друг с другом, чтобы мы представили собой одно общее желание, хотя мы абсолютно разные, отдаленны друг от друга, противоположны

---

55 Тора, «Левит», «Бехукотай», 27:31-27:33.

друг другу. Если мы достигнем состояния, когда будем взаимно связаны, тогда между нами раскроется свойство отдачи и любви, называемое Творцом, и мы ощутим тогда совершенную, вечную жизнь.

А если мы не будем к этому стремиться, то совершенство и вечность будет работать против нас и наша жизнь будет заполнена все большими и большими страданиями.

Это и называется – «По законам Моим»?

Да.

Глава «В пустыне»

ВВЕРХ ПО ЛЕСТНИЦЕ, ВЕДУЩЕЙ ВВЕРХ

Мы начинаем новую главу «Бемидбар» – «В пустыне». С нее начинается и новая книга – четвертая, с тем же названием – «Бемидбар».

Что означают эти переходы от книги в книгу? Всего 5 книг.

Тора так и называется – «Пятикнижие». Каждая ее часть олицетворяет собой совершенно новую ступень в развитии человека, группы людей, которые желают реализовать в себе условия Торы, чтобы она их подняла до уровня Творца – в этом задача. Это как духовный подъемник, который поднимает все наши свойства до уровня Творца. И те люди, которые входят в этот подъемник, готовы на то, чтобы работать над собой вопреки своему эгоизму.

В этой работе они проходят пять эгоистических стадий, которые все больше и больше увеличиваются по своему накалу, по своей тяжести.

С каждой книгой эгоизм растет?

Да, конечно. Эгоизм очень коварный. Он растет не только количественно, но и качественно, что еще тяжелее. Но одновременно человек становится мудрее, начинает понимать свою эгоистическую природу. Таким образом, он проникает в связи между частями природы, ему открывается, как все устроено.

Ты входишь, допустим, в какое-то учреждение и постепенно начинаешь видеть, кто, как и с кем связан, какая проводится политика и как она определяет отношения между отделами и так далее.

Так происходит и в духовной работе, только ты выясняешь не отношения между людьми на земном уровне, а природу человека – души. Поэтому продвижение человека на более высокий уровень – это все большее проникновение в частную и общую взаимосвязь всех частей души, то есть всего мироздания.

Первая книга Торы «Бэрешит» – «В начале». Человек поначалу воспринимает общее мироздание, как ребенок – все просто и понятно. Но потом все больше и больше это градуируется, дифференцируется так, что он начинает проникать в связи, существующие в мире, различать их. Возникают новые блоки, новые взаимоотношения, частные законы – и таким образом человек включается в систему от «Берешит» и до конца.

Получается, что движение от книги к книге похоже на процесс взросления ребенка, которому уже можно не только рассказывать о законах, но и призывать его выполнять их?

Да. Внутри человека существует эгоистическое желание, которое возникает вопреки объединению с другими, вопреки стремлению раскрыть Творца. Но должна работать формула: я объединяюсь с другими, чтобы раскрыть Творца между нами. В этом заключается моя возможность наполнить Его радостью так же, как Он желает наполнить меня. И в этом состоянии мы с Ним объединяемся.

Когда человек начинает правильно относиться к объединению, то в нем возникают всевозможные силы содействия и противодействия. И выявляются они постепенно: сначала на нулевом уровне желаний, затем на первом, далее на втором, третьем и четвертом – всего пять уровней желаний. Это и есть «Пятикнижие». По таким этапам мы проходим Тору: от первого слова «Берешит», до слова «Исраэль», которым заканчивается Тора.

«Бемидбар» – четвертая книга Торы начинается с одноименной главы «Бемидбар».
/1/ И ГОВОРИЛ БОГ, ОБРАЩАЯСЬ К МОШЕ В ПУСТЫНЕ СИНАЙ, В ШАТРЕ ОТКРОВЕНИЯ, В ПЕРВЫЙ ДЕНЬ ВТОРОГО МЕСЯЦА, ВО ВТОРОЙ ГОД ПОСЛЕ ИСХОДА ИХ ИЗ СТРАНЫ ЕГИПЕТСКОЙ, ТАК: /2/ «ПРОИЗВЕДИТЕ ИСЧИСЛЕНИЕ ВСЕГО ОБЩЕСТВА СЫНОВ ИЗРАИЛЯ ПО СЕМЕЙСТВАМ ИХ, ПО ОТЧИМ ДОМАМ ИХ, КОЛИЧЕСТВОМ ИМЕН, ВСЕХ МУЖЧИН ПОГОЛОВНО. /3/ ОТ ДВАДЦАТИ ЛЕТ И СТАРШЕ, ВСЕХ ПОСТУПАЮЩИХ В ВОЙСКО В ИЗРАИЛЕ, ИХ ИСЧИСЛИТЕ ПО ОПОЛЧЕНИЯМ ИХ, ТЫ И ААРОН. /4/ А С ВАМИ БУДЕТ ПО ОДНОМУ ЧЕЛОВЕКУ ИЗ КАЖДОГО КОЛЕНА – ГЛАВЫ ОТЧИХ ДОМОВ СВОИХ».

В «Большом комментарии» написано:
Исчисление касалось только урожденных евреев, а не эрев рав.

О чем здесь говорится? О том, что, действительно, они входят на новую ступень. Всего 125 ступеней на пять книг, значит, 25 ступеней – каждая книга.

Сейчас они вступают на 25 ступеней, которые называются «Бемидбар». И останется у них еще последняя книга «Дварим» – еще 25 ступеней.

Чтобы полностью исправить свою душу надо пройти 125 ступеней. Она рассыпалась, разбилась, когда произошло, так называемое, «грехопадение Адама». И чтобы полностью ее собрать, необходимо пройти 125 ступеней сборки.

На данном этапе сборка заключается в том, что они должны проверить все свои узлы. Поэтому Творец указывает, что должно быть в каждом из узлов, в каждой части этого блока связи общей души, которую они между собой настраивают уже на новом уровне.

Глава эта наполнена числами, именами.

Мы не знаем правильного трактования всей Торы. То, что написано в «Учении Десяти Сфирот» Бааль Сулама, в «Книге Жизни» АРИ, в Книге Зоар – это всё четко работающие высшие законы. Законы! Они не отменяются, не переделываются, не трактуются по-разному. Человек, который входит на этот уровень, понимает, что это такое. Духовная арифметика.

Глава начинается так:

/1/ И ГОВОРИЛ БОГ, ОБРАЩАЯСЬ К МОШЕ В ПУСТЫНЕ СИНАЙ...[56]

И мы сейчас через Моше (в нас) смотрим на все. Что означает «произведите исчисление всего общества...» Израиля?

Произвести исчисление – это значит, полностью постичь структуру души на данном этапе. Что мы в принципе, делаем? Ту душу, которая раскрылась Адаму и разбилась, мы восстанавливаем. И ее восстановление должно происходить по определенным этапам. Каждый блок должен иметь свое четкое предназначение, связи с остальными.

Каким образом это происходит? Во-первых, вся общая душа состоит из пяти частей: корона и потом первая,

---

56 Тора, «Числа», «Бемидбар», 1:1.

вторая, третья, четвертая. Первая, вторая, третья, четвертая называются буквами алфавита «юд-кей-вав-кей». Значит, всего пять частей. Первая – неразделимая, как точка, из которой все исходит. А четыре части делятся каждая на три линии: правая, средняя и левая.

И разделение происходит по этим (четыре умноженные на три) двенадцати линиям или двенадцати коленам.

И надо произвести исчисление каждого колена: дошли ли они до состояния, когда собрались вместе в пустыне, то есть когда вокруг абсолютно пусто. Сделали ли все, что могли, собрали все, что могли, вместе над свойством абсолютной отдачи. Потому что у тебя ничего нет, ты никто и ничто, ты – в пустыне. Над этим собранием ты проверяешь, каково строение общей души, – это и называется исчисления, – то есть мощность каждого звена из двенадцати. Это исходит еще из двенадцати сынов Яакова.

Ты проверяешь структуру всей души, то есть общего собрания людей (это не люди, это их устремления к Творцу). Каждый из них аннулирует свое «я», связан с остальными, и вместе они образуют одну единую систему. Но какова мощность этой системы? Хохма, бина, хэсэд, гвура, тифэрэт, нэцах, ход, есод, малхут – как все эти части между собой связаны? Правильно ли и в гармонии между собой они взаимодействуют? Это называется проверкой состояния общей души.

Дальше речь идет именно о двенадцати коленах и построении их вокруг Шатра Откровения.

В «Большом комментарии» исчисление касалось только двенадцати колен, но не эрев рав.

Потому что эрев рав не участвуют в общем объединении. Это те эгоисты, которых невозможно исправить, потому что они подчиняются не духовным законам, а питаются от всевозможных духовных источников, насколько могут оттуда урвать, украсть. Вот по кражам, особенно в современном мире, можно понять, о чем идет речь, о ком идет речь. Это те, которые урывают для себя из Торы и растаскивают по своим углам для себя – это и есть эрэв рав. Они «пасутся» всегда рядом со свойством отдачи, любви, с теми, кто устремлен на самом деле к Творцу, – для того чтобы урвать свою часть. Как шакал: рвет и отбегает. Этим живет и крутится все время вокруг лагеря тех, кто устремлен к Творцу.

Там есть, что взять?

Да. Только этим они и живут, они не могут оторваться от тех, кто устремлен к Творцу. Потому что они этим питаются.

Народы мира этим не питаются. Они понимают, что им плохо по каким-то причинам из-за народа Израиля, который не выполняет свою функцию или что-то еще не так.

Далее в этой главе идут:

/5/ ...ИМЕНА ЛЮДЕЙ, КОТОРЫЕ СОСТОЯТЬ БУДУТ ПРИ ВАС: ОТ колена РЕУВЕНА – ЭЛИЦУР, СЫН ШДЕУРА...[57]

И так далее, и так далее... И дальше все расписано:

---

57 Тора, «Числа», «Бемидбар», 1:5.

/20/ И БЫЛО СЫНОВ РЕУВЕНА, ПЕРВЕНЦА ИСРАЭЛЯ, ПО ИХ РОДОСЛОВИЮ СЕМЕЙНОМУ, ПО ОТЧИМ ДОМАМ ИХ, КОЛИЧЕСТВОМ ИМЕН, ПОГОЛОВНО...[58]

Это мы не будем разбирать, потому что для этого надо знать структуру мира Ацилут.

Эти схемы есть в каббалистических книгах, я их не раз рисовал на уроках.

Не для разбора, я просто чтобы перечислить имена:

/20/ И БЫЛО СЫНОВ РЕУВЕНА, ПЕРВЕНЦА ИСРАЭЛЯ, ПО ИХ РОДОСЛОВИЮ СЕМЕЙНОМУ, ПО ОТЧИМ ДОМАМ ИХ, КОЛИЧЕСТВОМ ИМЕН, ПОГОЛОВНО, ВСЕХ МУЖЧИН ОТ ДВАДЦАТИ ЛЕТ И СТАРШЕ, ВСЕХ ПОСТУПАЮЩИХ В ВОЙСКО, /21/ ИСЧИСЛЕННЫХ ИЗ КОЛЕНА РЕУВЕНА, – СОРОК ШЕСТЬ ТЫСЯЧ ПЯТЬСОТ.

/22/ ИЗ СЫНОВ ШИМОНА... /23/ ...ПЯТЬДЕСЯТ ДЕВЯТЬ ТЫСЯЧ ТРИСТА.

/24/ ИЗ СЫНОВ ГАДА... /25/ ...СОРОК ПЯТЬ ТЫСЯЧ ШЕСТЬСОТ ПЯТЬДЕСЯТ.

/26/ ИЗ СЫНОВ ЙЕГУДЫ... /27/ ...СЕМЬДЕСЯТ ЧЕТЫРЕ ТЫСЯЧИ ШЕСТЬСОТ.[59]

Все рассчитано точно.

Здесь не имеются в виду люди.

Что произошло? Была одна маленькая духовная частичка, которая разбилась. Разбилась – это значит, в ней раскрылся огромнейший эгоизм. Как? В нее вошел Высший свет. И всю свою энергию, всю свою мощь, все величие Высшего света, который держит в себе все вселенные, все

---

58 Тора, «Числа», «Бемидбар», 1:20.

59 Тора, «Числа», «Бемидбар», 1:20-1:27.

миры, все, что Творец дал творению, внес в эту частичку и разорвал ее на части. Это сделал Творец.

Умышленно?

Умышленно! Это и есть так называемое «грехопадение человека».

И теперь в этой маленькой частичке, которая разорвана на миллиарды частей, существует огромное – равное бесконечному Высшему свету – эгоистическое желание. Высший свет, войдя в эту маленькую частичку, передал ей все свое величие в обратном виде. Это называется «эзэр кэ-негдо» («помощь против тебя»). И теперь мы должны все эти силы, огромные эгоистические свойства, привести обратно к свойству света. В мере нашего объединения мы это делаем. Но мы не возвращаемся к той маленькой частичке: мы соединяемся, возрастаем и как бы перекрываем собой весь Высший свет.

Как змея, поглощая жертву, как бы «надевается» на свою жертву, так и мы «надеваемся» на эту частичку, исправляя этого змея.

Надо понимать, что все свойства, все взаимосвязи – всё, что мы должны раскрыть, строго дифференцировано и имеет свое место. Оно подчинено четким физическим законам, построенным на соответствии между светом и желанием, то есть Творцом и противоположным Ему свойством. Всё должно соблюдаться с точностью до единицы, и поэтому указано проверять, правильно ли ты всё исчисляешь или нет. Ты уже прошел эти состояния, ты просмотрел их, ты себя можешь видеть? Ты находишься на этой духовной ступени – ты вобрал в себя всё это или нет?

И дальше написано:

/46/ И БЫЛО ВСЕХ ИСЧИСЛЕННЫХ – ШЕСТЬСОТ ТРИ ТЫСЯЧИ ПЯТЬСОТ ПЯТЬДЕСЯТ.[60]

/47/ А ЛЕВИТЫ ПО ОТЧЕМУ КОЛЕНУ СВОЕМУ НЕ БЫЛИ ИСЧИСЛЕНЫ СРЕДИ НИХ.[61]

Потому что это совершенно отдельная часть, ты не можешь их вычислять.

В душе есть несколько частей: кетэр, хохма, бина; затем – хэсэд, гвура, тифэрэт и потом – нэцах, ход, есод и малхут. И разделение на правую, левую, среднюю линии.

Левиты относятся к головной части. Головную часть ты исчислить не можешь, ты еще находишься только лишь в процессе исправления. Когда ты достигнешь состояния полнейшего исправления, когда не останется абсолютно ничего неисправленного, тогда ты сможешь исчислить головную часть.

То есть пока, по дороге, левиты не исчисляются?

Нет. Ты ими пользуешься, но они являются как бы частью Творца в тебе. Когда дойдем до полного объединения, там уже всё замкнется.

СВЕРХЪЕСТЕСТВЕННОЕ РАЗМНОЖЕНИЕ

Я заглянул в «Большой комментарий». Там написано по поводу этой переписи – «это была четвертая перепись…»:

---

60 Тора, «Числа», «Бемидбар», 1:46.
61 Тора, «Числа», «Бемидбар», 1:47.

ГЛАВА «В ПУСТЫНЕ»

1. В самом начале, как сказано в Торе, семья Яакова, переселившаяся в Египет, насчитывала семьдесят человек.[62]

Я думаю, что и Авраам считал своих учеников. Потому что он увел из Вавилона, как пишет РАМБАМ, десятки тысяч. Но семьдесят или десятки тысяч – это не одно и то же, не тот же уровень измерения. Там десятки тысяч – это по головам, а здесь семьдесят – это по духовной мощи.

Эти семьдесят, семья Яакова, которые вошли в Египет, – это была духовная мощь? Это не семьдесят человек?

Яаков – катан (маленький). Исраэль (это его же имя) – большой парцуф. Маленькое устройство – это Яаков, всего семь умножить на десять, – содержит в себе семьдесят частей.

То есть семь сфирот от малхут до бины?

До хэсэд.

Это была первая перепись. Дальше написано:

2. Тора утверждает, что Египет покинули 600 000 мужчин.

Эти цифры показывают, что в Египте еврейский народ сверхъестественно размножился. ...маленькая семья Яакова... превратилась в народ, насчитывавший миллионы душ.[63]

---

62 М. Вейсман, «Мидраш рассказывает», «Бамидбар», «Сыны Израиля подвергаются исчислению в четвертый раз».

63 М. Вейсман, «Мидраш рассказывает», «Бамидбар», «Сыны Израиля подвергаются исчислению в четвертый раз».

В этом нет ничего сверхъестественного, потому что Египет – это эгоизм. Когда я нахожусь внутри огромного эгоизма, то во мне все желания естественным образом растут, расширяются за счет окружения.

Я зашел в Египет маленьким, но светлым. Между нами свойство любви, свойство отдачи, и это – тысячи человек.

Но я не растворился в египтянах?

Нет, я захожу туда и волей-неволей нахожусь внутри них. В первые семь лет – это нормально. «Семь лет» соответствуют семи сфирот. Но это не семь, это четыреста лет пребывания в Египте.

Во второй половине моего пребывания в Египте египтяне входят в меня и начинают меня терзать изнутри – я начинаю стремиться к их же идеалам.

Они как бы говорят: ты должен быть, как мы?

Во мне они говорят. Снаружи могут ничего не говорить. Я начинаю учиться: смотреть на них и видеть, насколько их образ жизни привлекателен в этом мире. Я начинаю видеть, как они живут во мне, как я пропитываюсь ими, как я никуда не могу от них деться.

И тогда моя борьба – между египтянами во мне и израильтянами во мне – возбуждает во мне ощущение египетского рабства.

До этого я не определял свое состояние в Египте как рабство. Для меня было всё нормально, я не был под их духовным влиянием.

А сейчас я начинаю обнаруживать, насколько они влияют на меня, и поэтому я должен что-то с собой делать. Я прихожу в состояние, что лучше смерть в Конечном море, лучше смерть в пустыне, но только не оставаться в Египте.

То есть лучше смерть, чем эта жизнь в клипот, жизнь в полном отторжении от Творца.

Почему я тогда увеличился в Египте, почему я вошел с силой семьдесят, а выхожу с силой шестьсот тысяч мужчин, (а всего вышли три миллиона человек)?

Это то, что я смог вобрать в себя от них.

Получается так: они действовали на меня – я противодействовал им, но всё равно они вошли в меня, я абсорбировал в себе их желания, свойства, их цели. И затем я их исправил в себе. То есть духовно я вырос. Но увидел, что больше мне невозможно там оставаться, потому что эти желания меня поглощают, они хотят, чтобы я был среди них, потому что таким образом я могу все больше воздействовать на мир.

То, что евреи дали миру за последние 2000 лет, – это всё египетская работа. Это то, что мы не должны были давать, и потому это называется изгнанием.

Две тысячи лет?

Да. Все эти нобелевские лауреаты – никому от этого пользы нет, поэтому человечество с этим и не считается.

Человечество требует другого. Должны выйти из Египта! И вот сейчас мы должны тоже изолировать себя духовно, достичь духовного состояния, объединения между собой. И затем исправить весь остальной мир – Египет.

То есть шестьсот тысяч вышедших – это критическая масса, сколько мы могли обработать в себе?

Нет, это всегда так называется «шестьсот тысяч» – такая критическая масса. Считается ведь не по головам, а по удельной мощности.

Это было второе исчисление. Про третье исчисление написано так:

3. После греха золотого тельца, …сыны Израиля подверглись исчислению в третий раз.
Эта перепись была предпринята как символ любви и заботы Творца о евреях — даже после их греха.[64]

Вообще исчислений было много. Позже Итро предложил Моше разделить народ на десятки, сотни, тысячи и так далее. Нам надо понять, что всё это происходит только на духовных уровнях. Все исчисления – в мощности отдачи, которая возникает между людьми, стремящимися к связи между собой, что является единственным их устремлением, желанием и действием.

Об этом и глава?

Об этом вся Тора. В этом всё наше существование в этом мире.

Как оказывается, всё просто, определяется одним предложением, и тут вдруг видишь глубину…

ПОСТ НОМЕР 1

Глава «В пустыне» начинается с указания Творца: пересчитать всю общину сынов Израиля по коленам и выделить из них поступающих в войска – от двадцати лет и старше. Особо выделяются левиты.

---

64 М. Вейсман, «Мидраш рассказывает», «Бамидбар», «Сыны Израиля подвергаются исчислению в четвертый раз».

Написано так:
/48/ И ГОВОРИЛ БОГ, ОБРАЩАЯСЬ К МОШЕ, ТАК: /49/ «ТОЛЬКО КОЛЕНО ЛЕВИ НЕ СЧИТАЙ И ИСЧИСЛЕНИЯ ИМ НЕ ПРОИЗВОДИ СРЕДИ СЫНОВ ИЗРАИЛЯ. /50/ А ПОРУЧИ ТЫ ЛЕВИТАМ НАБЛЮДЕНИЕ ЗА ШАТРОМ ОТКРОВЕНИЯ, И ЗА ВСЕМИ ПРИНАДЛЕЖНОСТЯМИ ЕГО, И ЗА ВСЕМ, ЧТО ПРИ НЕМ: ОНИ БУДУТ НОСИТЬ ШАТЕР ОТКРОВЕНИЯ И ВСЕ ПРИНАДЛЕЖНОСТИ ЕГО, И СЛУЖИТЬ ПРИ НЕМ, И ВОКРУГ ШАТРА ОТКРОВЕНИЯ СТОЯТЬ СТАНОМ. /51/ И ПРИ ПОДЕМЕ ШАТРА ОТКРОВЕНИЯ В ПУТЬ ПУСТЬ СКЛАДЫВАЮТ ЕГО ЛЕВИТЫ, А КОГДА ОСТАНОВИТСЯ ШАТЕР ОТКРОВЕНИЯ, ПУСТЬ СТАВЯТ ЕГО ЛЕВИТЫ;

И добавление есть такое:
ПОСТОРОННИЙ ЖЕ, КОТОРЫЙ ПРИБЛИЗИТСЯ, ПРЕДАН БУДЕТ СМЕРТИ.[65]

Да. Потому что это свойство бины, и именно эти свойства являются сосудом, настоящим сосудом, для приема Высшего света – Шхины, явления Творца.

А все остальные (остальные свойства человека) не имеют права приближаться. Потому что приближаться – это значит еще больше раскрывать свет. И при приближении ты уже может быть, и не сумеешь раскрыть это ради отдачи и любви. И в этом проблема.

Так произошло с Надавом и Авиу – сыновьями Аарона?
Да, они разожгли этот огонь раньше времени, то есть до полного исправления. Им казалось, что они уже исправлены. Практически все прегрешения – от того, что совершают ошибки те, кто выполняет. Ему кажется, что

---
[65] Тора, «Числа», «Бемидбар», 1:48-1:51.

он уже защищен, что он уже выше своего эгоизма. А на самом деле, когда раскрывается еще один уровень, он падает и ничего не может сделать.

Как ему дают сделать эту ошибку?

Пример. У меня сейчас занимаются молодые ученики. Они сидят на уроке. Им по 25, 30, 40 лет – здоровые, нормальные мужчины. И они во время урока понимают, что единственное, ради чего стоит жить, – только объединение.

Но если они попадут в окружение, в котором главный лозунг будет «хлеба и зрелищ» – посмотри, что у них будет через минуту в голове!

Свет приходит и дает защитный слой, экран, до определенного уровня, но как только добавляется больше эгоизма, на который нет экрана, человек падает.

А если случайные люди из категории «хлеба и зрелищ» окажутся у нас на уроке?

На уроке они поднимутся до чистоты! Есть защита! Только лишь отдача и любовь! Потому, что они у нас сидят, и мы им сообщаем наш экран – общий!

Мы их своим экраном покрываем?

Да. Потом мы вместе с ними идем отпраздновать наше духовное возвышение – на их место, где главное «хлеб и зрелища», в «ресторан». И всё!

И снова все падают?

Это и есть грехопадение *Адама Ришон*. То есть сначала ты как бы переходишь на уровень райского сада. И потом ты хочешь…

Перенести это «в ресторан»?

Да, поднять все это до Божественного уровня. И тут ты видишь, что ничего не получается! Ты там остаешься. Для тебя будущий мир – в этом «ресторане».

По-моему, очень красивое объяснение.

Давайте вернемся к левитам. В тексте сказано: ТОЛЬКО КОЛЕНО ЛЕВИ НЕ СЧИТАЙ И ИСЧИСЛЕНИЯ ИМ НЕ ПРОИЗВОДИ СРЕДИ СЫНОВ ИЗРАИЛЯ.

Левиты обучают народ. Коэны – их немного – в основном занимаются идеологическими работами.

Не связанными с народом?

Да. Они – как бы духовное правительство. А левиты учат народ. Левиты – это преподаватели, инструкторы. В общем, всё, что надо делать с массой, которая называется «ам» (народ), – это всё делают левиты.

Левиты действительно отделены от учеников? И не смешиваются с ними?

Да, они отделены от учеников и не смешиваются.

Не могут они сидеть вместе в обнимку с учениками?

Смешивание невозможно. Духовное – тем более невозможно!

Все они только для обслуживания народа во имя Творца: коэны – для обслуживания левитов и народа во имя Творца; левиты – для обслуживания коэнов и народа во имя Творца.

Народ думает только о том, как он поднимется на этот уровень, ему ни о чем больше думать не надо.

Работа левитов – помогать коэнам и далее влиять на народ.

Можно сказать: коэны – это ГАР дэ-бина, а левиты – это ЗАТ дэ-бина – та часть, которая уже влияет на ЗОН, на получающие келим, на народ.

Так или иначе, они относятся к бине, к свойству милосердия? Коэны – верхняя ее часть, а левиты – нижняя ее часть, преподаватели – ближе к народу?

Да, конечно.

ПО ПОРЯДКУ – СТАНОВИСЬ!

/52/ И РАСПОЛОЖАТСЯ СЫНЫ ИЗРАИЛЯ КАЖДЫЙ В СТАНЕ СВОЕМ И КАЖДЫЙ ПРИ ЗНАМЕНИ СВОЕМ, ПО ОПОЛЧЕНИЯМ СВОИМ.

И дальше:

/53/ ЛЕВИТЫ ЖЕ БУДУТ СТОЯТЬ СТАНОМ ВОКРУГ ШАТРА ОТКРОВЕНИЯ.[66]

В «Большом комментарии» говорится:
Три стана в пустыне
Когда Моше исчислил евреев и распределил их по коленам, Творец обучил его тому, как становиться лагерем и в каком порядке следовать.[67]
То есть, как собирать разрушенное кли.

---

66 Тора, «Числа», «Бемидбар», 1:52-1:53.

67 М. Вейсман, «Мидраш рассказывает», «Бамидбар», «Три стана в пустыне».

ГЛАВА «В ПУСТЫНЕ»

Это и называется «становиться лагерем»?

Конечно. Вся проблема в том, чтобы его постепенно исправлять и сбивать вместе по мере продвижения в пустыне, то есть по мере раскрытия эгоизма – во всех, в каждом стане, в каждом колене.

Четыре вида эгоизма, по трем линиям – двенадцать колен, двенадцать частей в этом кли.

Как их всех собирать вместе, двигаясь в пустыне, то есть все время вбирая в себя эту новую испорченную пустоту, перерабатывая ее в себе и преобразуя в свойство отдачи.

Это движение в пустыне. 40 лет!

Вся эта часть от малхут до бины должна войти в четкое объединение народа. На этом и будет построена их связь с Творцом.

На переработке пустоты?

Это не пустота, в общем-то. Это, конечно, очень неприятное движение вперед. Потому что это место, где ты можешь получить только змей и всяких жалящих скорпионов. Нечего есть, пить, жарит всё вокруг, все изъедены ранами, и так далее. То есть пустыня олицетворяет собой воспаленно-растущий эгоизм.

В человеке, во мне?

В человеке, да. И связь между ними – это рана к ране. Так они ощущают. Но они должны над этим приподняться, и свет, который приходит, делает из них одно общую здоровую плоть.

Я не знаю, как передать это состояние…

Вы обычно передаете это в связи между нами. То есть в связи между нами существуют эти раны, эта боль, которая не дает связаться?

Да.

И переработка, когда эта боль и рана превращается в...

В одно общее целое кли, в котором раскрывается блаженство.

Вы романтик.

Это – не романтика. Это внутренне чувство.

Дальше в Мидраше сказано:
Мишкан надо было располагать в середине народа. Место, где он находился, называлось «Стан Шехины».[68]

Явление Творца. Присутствие, точнее. Не явление. Потому что явление – это как бы раскрытие. А здесь – присутствие.

Это был самый внутренний и самый святой стан.

Со всех четырех сторон его окружали левиты. Место их расположения известно было под названием «Стан Левитов». Этот стан был менее свят, чем Стан Шехины этой.

Да, там коэны стояли.

Его опоясывал третий стан — «Стан сынов Израиля», где располагались лагерем все двенадцать колен, по три

---

68 М. Вейсман, «Мидраш рассказывает», «Бамидбар», «Три стана в пустыне».

с каждой стороны. **Стан сынов Израиля окружали Облака Славы.**

И дальше написано:
Эрев рав всегда оставались по ту сторону Облаков.⁶⁹

Чтобы люди каждый раз все более правильно воспринимали, кто же это такие.

Вот я хочу об этом спросить: что такое – Облака Славы?

Это тот общий окружающий свет (ор макиф), который держал весь народ на определенном уровне отдачи и любви, связи между собой, святости. И естественно, что эрев рав – их место было вне этого. Потому что вся их направленность – служить! – и вокруг Скинии, и по углам, и внутри, и в Шатре, и где хочешь, – но только ради себя. Вот в этом все дело. Это и называется «ашакат а-клипот», то есть украсть. У них и по сей день такие свойства, на этом все построено – вся жизнь в таких мелких кражах.

ПРЫГНУТЬ В КОСТЕР

Они не могут пройти через Облако Славы внутрь?

Нет, конечно. Облако Славы их отгоняет.

Потому что Облако Славы – это свойство отдачи, самопожертвования, любви к другим. И только ради этого ты начинаешь работать. А когда они видят, что это – ради других, они сразу же от этого отталкиваются, они не лезут внутрь. Это и есть защитный экран.

---

69 М. Вейсман, «Мидраш рассказывает», «Бамидбар», «Три стана в пустыне».

Не надо ничего защищать. Ты просто знаешь, что если ты войдешь в эту дверь, ты должен будешь там – автоматически! – думать только о других. Ни о себе, ни о семье – ни о чем! Только о других! Согласен ли ты полностью изменить свою внутреннюю настройку? И когда ты начинаешь приближаться, ты видишь, что это хуже, чем войти в огонь.

Это значит войти внутрь Облака Славы?

Да, потому что войти в огонь – это значит, умереть, сжечь себя. А здесь это значит – каждую секунду жизни работать на других. Другая цель – все противоположное! – это хуже, чем умереть. И это их отгоняет.

Только свет может прийти и исправить намерение человека.

Задача народа Израиля приблизиться к этому Облаку Славы и войти внутрь?

Нет, мы не находимся в стане, и наша задача – просто сближаться.

И мы можем заранее сказать: путь к этому открыт всегда и всем. Но мы знаем заранее, что есть такие части в нашем народе, которые придут к этому быстрее. Хотя дорога открыта для всех, и двери, и нет никаких проблем – только их внутренние проблемы.

Те люди, которые думают работать на Творца ради себя, выполнять все, что Он хочет, но только ради себя: чтобы им было хорошо в этом мире, в будущем мире – те, конечно, считаются эрев рав, и те не смогут так быстро прийти к новому состоянию.

Они последними придут?

Они будут последними. А каким еще образом они исправятся? Только если весь народ сможет перейти в свойство отдачи и любви, в свойство единения, взаимного поручительства, тогда это подействует и на них. Можно будет – не представляю, с какими трудностями…

Начать диалог?

Нет. Диалога здесь не может быть никакого. Можно будет вызвать такой окружающий свет, который исправит их.

Наша общая проблема в том, что есть среди нас такая часть, которая готова на все, но ради этого мира и ради будущего мира для себя.

То есть она будет выполнять все, что написано в Торе, – только «дай нам». А здесь говорится о том, что я готов выполнять все, что сказано в Торе, для того чтобы быть связанным с другими и отдавать другим.

Вектор в другую сторону?

Да. Совсем другое вознаграждение.

Написано, что эрев рав находился по ту сторону облаков.

Облака были как защита. Они их не пускали. То есть ты можешь войти, пожалуйста, никаких преград нет, только при этом в тебе меняется намерение. – О, нет! Это я не могу.

Очень красиво. Это даже не стена. Это облака!

Да. И вдруг ты приближаешься и видишь, что у тебя меняется намерение: «Нет, нет. Это не ради меня».

Допустим, тебе предлагают:

– А сейчас ты месяц поработаешь на других.

— На кого, на других?
— Ну, кого ты там больше ненавидишь?

И всё, и каждый шаг – как режешь себя?

Да, хотя это весьма слабое подобие того, что чувствует человек, приблизительное.

КАК НАЙТИ ТАИНСТВЕННЫЙ КОЛОДЕЦ МИРИАМ?

Дальше написано так:

Как же обозначены были границы трех главных станов, а также каждого из колен?

Из Колодца Мириам сверхъестественным образом изошли потоки воды, отделившие стан *Шехины* от стана *левитов*, а стан *левитов* — от стана сынов Израиля. Эти потоки разветвились на ручьи, которые разделили участки колен. Однако между станами сынов Йосефа — Менаше и Эфраима — не было разделяющего ручья.[70]

Время от времени в «Большом Комментарии» упоминается колодец Мириам. Вдруг вышли воды и разделили станы, то есть между станами были ручьи.

Колодец Мириам многие искали. Есть такое поверье, что он находится в Кинерете. Когда-то мы туда подъезжали с учениками, и я в шутку, говорил: «Вон, вон там он находится».

Я помню.

---

70 М. Вейсман, «Мидраш рассказывает», «Бамидбар», «Стан сынов Израиля».

Конечно, это была просто насмешка, потому что нельзя в нашем мире искать какие-то духовные источники. Хотя всё, что есть в духовном мире, отражается в нашем мире. Всегда есть духовный корень и его ветвь в нашем мире. Так что, есть такое состояние, которое называется «колодец Мириам». Этот колодец разделяет духовные свойства по категориям.

Потому что это колодец, как женское молоко, которое предназначено для вскармливания, для отдачи.

Как Млечный путь рисуют. Что значит «Млечный путь»? Это отдача. Не просто так пришло в голову человеку это название, а потому что на самом деле космос олицетворяет отдачу Высшей силы.

Вот это означает колодец Мириам. Поэтому он разделяет по уровню отдачи коэнов, левитов, Исраэль. Этот уровень отдачи не разделяет Йосефа и двух его детей Менаше и Эфраима. Потому что Йосеф – соединяющий, это есод, это чувство чистого праведника. И поэтому его сыновья не разделяются: нет деления между категориями, когда всё идет на полную отдачу.

Сколько дополнительных ощущений дает «Большой комментарий!

Да. Это очень древняя книга.

Эти разделения между станами необходимы до определенного времени?

До тех пор, пока все эти свойства, каждое из них, не проявятся выпукло, и лишь после этого они будут находить своё взаимное сопряжение.

Произошло разбиение общего сосуда, общей души: прегрешение Адама, разбиение, появление множества людей, (душ имеется в виду), взросление каждой души в течение тысяч лет, когда она набирает свой эгоизм, поэтому так тяжело нам друг к другу приблизиться, соединиться. Это происходит только для того, чтобы проявить свойства каждого из нас – эгоистические, а затем надэгоистические – свойства отдачи и любви. Наше сближение возможно лишь тогда, когда эти свойства соединяются вместе в одно целое, не теряя при этом внутри себя своей огромной индивидуальности.

Это важный момент.

Да. Это и вызывает раскрытие Творца. Потому что, если бы не было растущего эгоизма, его яростного проявления, если бы мы не соединялись вопреки этому огромному эгоизму – над ним, то мы не проявили бы Творца. Он бы и существовал, как сейчас существует, но мы бы Его не ощущали. А мы Его должны ощутить в 620 раз бóльшим.

620 – это не просто умножение на 620. Эта прогрессия – от нуля до бесконечности.

Поэтому все грубые эгоистические свойства сохраняются, они просто соединяются между собой альтруистической склейкой и таким образом возникает возможность раскрытия Творца, заполняющего весь мир в полном явном виде.

И потому должны быть эти разделения?

Да. Когда 12 колен выстроили Первый Храм и достигли своего самого большого уровня, еще было запрещено соединяться. Не были разрешены браки между коленами.

И наоборот, когда они начали спускаться с этого уровня, падать духовно, то есть эгоизм начал возрастать, тогда было разрешено. Достигли определенного уровня, когда это уже неважно, и начали между собой смешиваться. А до тех пор нельзя было смешиваться, потому что человек мог разделять свойства, и каждое свойство требовала большой духовной работы.

Мы еще достигнем этого.

БОЖЬИ ОДУВАНЧИКИ ИЛИ ЕЩЕ РАЗ ПРО ЛЮБОВЬ

Мы еще дойдем до Храмов, но пока нам надо дойти до Эрэц Исраэль. Дальше вот что говорится в Торе:
/1/ И ГОВОРИЛ БОГ, ОБРАЩАЯСЬ К МОШЕ И ААРОНУ, ТАК: /2/ «КАЖДЫЙ ПРИ ЗНАМЕНИ СВОЕМ, СО ЗНАКАМИ ОТЧИХ ДОМОВ ИХ, ПУСТЬ СТОЯТ СЫНЫ ИЗРАИЛЯ СТАНОМ; НА РАССТОЯНИИ ВОКРУГ ШАТРА ОТКРОВЕНИЯ ПУСТЬ СТОЯТ ОНИ СТАНОМ. /3/ А СТОЯЩИЕ СТАНОМ ВПЕРЕДИ, К ВОСТОКУ: ЗНАМЯ СТАНА ЙЕУДЫ…[71]

Шатер – это место, где проявляется Творец.

И это вообще центральная точка – там, где соприкасается земля с небом. В Шатре находится Арон Кодеш (ковчег) между двумя крувим (ангелами).

Это всё, конечно, только силовые представления. Никаких объемных, фигурных, вещественных форм здесь нет! Это все образуется внутри человека. Из свойства отдачи выкристаллизовываются такие свойства, направленные вне себя. Именно благодаря нашему эгоизму мы можем градуировать свойство отдачи.

---

[71] Тора, «Числа», «Бемидбар», 2:1-2:3.

Само свойство отдачи – бина – как вода, разливается повсюду. Потому что свойство отдачи и любви не может быть на кого-то направлено, а на кого-то нет. Тогда это уже не любовь, это уже какая-то твоя выгода, ты вкладываешь в это свой интерес. Если оно абсолютно разливается, просто как вода по столу, тогда это настоящее свойство отдачи.

Каким же образом можно его градуировать? Как можно с ним работать?

Есть такой пример: человек находится в лесу, ему ничего не надо, у него нет даже одежды, у него нет дома, ничего нет. У него нет никакого интереса для себя. Есть такие «божьи одуванчики»: сидит под березой, съел каких-то ягод, какого-то кузнечика, и ему хорошо, до завтра ничего больше не надо.

Как можно работать с таким свойством отдачи? Оно не то, что беспомощное, оно абсолютно безвольное – абсолютная радость и любовь ко всем. Как можно начать им управлять, чтобы что-то делать с ним в нашем мире?

Поясните это, если можно.

Только если мы это свойство отдачи сопрягаем со свойством эгоизма, эгоистическим свойством. Что мы можем делать, когда под этим свойством отдачи находится эгоистическое свойство? Мы можем или свойством отдачи управлять эгоизмом, или наоборот эгоизмом управлять свойством отдачи. Одно из двух: одно может быть ради другого, или другое может быть ради первого.

Что это может быть в нашем мире? Допустим, любовь, свойство отдачи – это любовь. Я могу любить другого человека, потому что мне это доставляет наслаждение, радость, определенные эмоции, и я его за это люблю.

То есть мое отношение к нему и мое ощущение от него сливаются вместе. Это надо разделить. И получается, что я его люблю, потому что я получаю от него определенное ощущение. И ради этого я его люблю.

И что это по вашей градации?

Это эгоистическая любовь.

То есть я эгоизм сопрягаю с отдачей?

Да. А если это чувство, это ощущение, во мне пропадет? То я на него и смотреть перестану. У меня не будет никакого порыва к нему. Так?

Может быть и обратное. Я люблю его, и во мне возникают приятные чувства. Чтобы проверить, бескорыстна ли моя любовь или нет, я могу вызвать в себе совершенно противоположное чувство. Допустим, вдруг раскрывается, что он мне сделал какую-то гадость, замышляет против меня что-то плохое, а я все равно, несмотря на это, продолжаю его любить. Вопреки всему, что меня сейчас от него отторгает. Вот тогда эта любовь бескорыстна.

Тут уже возникает другая проблема – а для чего же его любить? А потому что, когда ты к нему относишься с любовью, ты становишься подобным Творцу. Поэтому здесь уже необходим Творец – третья сторона, иначе в этой любви нет для Него места.

То есть может быть или эгоистическая любовь, или платоническая, альтруистическая, – назови ее, как угодно, – но она должна быть связана с Источником – не с другим человеком, а с Тем, ради Кого я это делаю, ради Кого все-таки она должна существовать.

Тогда свойство отдачи одевается на эгоизм?

Да, когда оно растекается без всяких направлений – всем и вся. Ведь это свойство является основным, это живительное свойство молока матери, воды. Так что, не зря мы ищем воду на Марсе или на других звездах, планетах. Потому что это основа жизни – свойство Бины. Без свойства Бины – только камни.

Когда мы начинаем постигать это свойство Бины, им можно управлять, только если Малхут (эгоистическое свойство) находится под ней и начинает проявляться. Это как, допустим, натянули полотно, а изнутри проявляются всевозможные толчки. Или ты начинаешь возвышать, строить какие-то свои дворцы (свойство отдачи), но только благодаря тому, что внутри них находится эгоизм, который согласен и хочет быть строителем этого свойства отдачи.

Эгоизм хочет быть под свойством отдачи?

Да. И он, изощряясь, показывая свои самые отвратительные свойства, метаморфозы, проявляет именно на себе свойство отдачи. Без него свойство отдачи не имеет формы. Вот для чего нам нужен эгоизм.

Сам по себе он – песок. Свойство отдачи без него – просто белое облако. А вот когда они начинают вместе работать, тогда появляется целый мир.

ВНИЗ ГОЛОВОЙ

Правильно ли сравнение: младенец внутри матери покрыт свойством отдачи?

О, если бы не это место в матери, абсолютное свойство отдачи, где он развивается, – этот маленький эгоистический кусок плоти – он бы просто не существовал.

Он растет под свойством отдачи?

Да, только высшая любовь.

И он должен вернуться к этому состоянию? Это свойство матери?

Он это ощущает уже затем на другом уровне!

Он рождается, падает из свойства бины в малхут – это называется его рождением. Он переворачивается вниз головой и таким образом рождается и начинает расти как эгоист, чтобы, в конечном счете, раскрыть мир именно таким, как свойство матери – каким он его ощущал в матке, в которой он зародился. Но чтобы в ней существовало все мироздание. Это он строит сам!

Все должно происходить под куполом отдачи?

Да. Все построено на силах. Духовный мир – это силы. Создавая такое силовое поле вокруг себя, стан является неприступным.

А эрев рав, хотя они все время ищут, как шакалы, чтобы урвать, не могут войти внутрь, потому что они не приемлют свойства отдачи – работать на Творца ради отдачи, ради счастья других, а не ради себя.

Его приемлют левиты и коэны?

Коэн – это самая внутренняя часть. И левиты вокруг них дальше, чем коэны, еще дальше – двенадцать колен, и облако их окружает – это окружающий свет.

И за облаком находится уже эрев рав.

И теперь их расстановка внутри: каким образом они должны быть правильно расставлены, в каком количестве должен быть каждый из станов. И перечисляется всё поштучно!

Говорится о количественном и качественном соотношении сил в этой единой системе, которая называется душой: что она состоит из двенадцати колен, двенадцати частей, каким образом они между собой сопряжены относительно сторон света: хохма, бина, зеир анпин, малхут – четыре части. Так они устроены:

Бина	Хохма
Малхут	Зеир Анпин

И по 3 линии в каждой – 12 частей. Подробно разбирается, как они должны стоять друг против друга, то есть каким образом сопрягается это общее кли, и каким образом они должны себя держать – под каким флагом! Что является частной целью каждого стана.

То есть что они поднимают над собой?

Да. Во имя чего? Потому что у каждого – свои свойства, и поэтому одна и та же общая цель выглядит у каждого немножко под другим фокусом, и они по-разному выражают себя.

Так же, как в нашем теле много разных частей. Каждая из них по-своему воспринимает движения тела, поддержку, и так далее. Это очень интересно! Потому что, именно благодаря такому разнообразию свойств, их сопряжению, проявляется свойство Творца – этой общей силы. Как мы уже говорили, благодаря огромному эгоистическому разнообразию проявляется свойство отдачи. Само по себе оно абсолютно, как материнская любовь: делай что хочешь – я тебя люблю.

Мы говорили о манне небесной – это именно то состояние? То есть оно безвкусное? Или, как сказано, «белое, как снег»?

Да, это то же свойство бины, а «потребитель» ощущает в соответствии с тем, что он желает.

Любой вкус – курица, торт?
Все, что хочет.

ФЛАГИ НА БАШНЯХ

Мы коснулись темы о станах и знаменах, дальше идет перечисление с именами, с коленами…
Это постигает тот, кто уже внутри, он начинает понимать смысл того, что говорится в Торе.

Может быть, поймем что-то:
/3/ А СТОЯЩИЕ СТАНОМ ВПЕРЕДИ, К ВОСТОКУ: ЗНАМЯ СТАНА ЙЕУДЫ ПО ОПОЛЧЕНИЯМ ИХ, А ВОЖДЬ СЫНОВ ЙЕУДЫ – НАХШОН, СЫН АМИНАДАВА. /4/ И ВОИНСТВА ЕГО ИСЧИСЛЕННЫХ – СЕМЬДЕСЯТ ЧЕТЫРЕ ТЫСЯЧИ ШЕСТЬСОТ.[72]

Этот тот Нахшон, который прыгнул первым в Конечное море, и море расступилось. Это предводитель колена Йеуды. Колено Йеуды особенное. А в нас это – самое бескорыстное свойство.

Дальше говорится так:
/5/ А СТОЯЩИЕ ВОЗЛЕ НЕГО СТАНОМ: КОЛЕНО ИСАХАРА, А ВОЖДЬ СЫНОВ ИСАХАРА – НЕТАНЭЛЬ, СЫН ЦУАРА. /6/ И ВОИНСТВА ЕГО

---
72 Тора, «Числа», «Бемидбар», 2:3-2:4.

ИСЧИСЛЕННЫХ – ПЯТЬДЕСЯТ ЧЕТЫРЕ ТЫСЯЧИ ЧЕТЫРЕСТА.[73]

Пятьдесят четыре тысячи четыреста! Настолько полное исчисление!

Да-да. С точностью до единицы.

«Большой комментарий» отождествляет четыре стороны света с источниками тех или иных сил природы:
С востока излучается свет, ибо там восходит солнце. Оттуда исходит также восточный ветер, самый вредоносный из всех ветров.
С запада приходит снег, град, зной, мороз и ливни.
Юг – источник благословенной росы и дождя.
С севера посылается в мир «тьма» и вредоносные силы.
И дальше – что поднимают над собой эти станы. Во имя чего они идут.

Идут – сближаются. В этом и заключается духовная работа по общему сближению каждого из колен.

И говорится так:
/10/ ЗНАМЯ СТАНА РЕУВЕНА К ЮГУ, ПО ОПОЛЧЕНИЯМ ИХ, А ВОЖДЬ СЫНОВ РЕУВЕНА – ЭЛИЦУР…[74]

И далее имена, имена:
/14/ И КОЛЕНО ГАДА, А ВОЖДЬ СЫНОВ ГАДА – ЭЛЬЯСАФ.[75]

---

73 Тора, «Числа», «Бемидбар», 2:5-2:6.
74 Тора, «Числа», «Бемидбар», 2:10.
75 Тора, «Числа», «Бемидбар», 2:14.

ГЛАВА «В ПУСТЫНЕ»

/17/ ДВИНЕТСЯ ЗАТЕМ ШАТЕР ОТКРОВЕНИЯ, СТАН ЛЕВИТОВ ПОСРЕДИ СТАНОВ…[76]
/18/ ЗНАМЯ СТАНА ЭФРАИМА…[77]
/25/ ЗНАМЯ СТАНА ДАНА…[78]

> Идут, идут знамена. Вот что говорится в «Большом комментарии»:
> Четыре легиона, перед которыми несли особые знамена
> Каковы были эти четыре главных знамени?
> С востока располагался легион Йеуды, с запада – легион Эфраима, на юге был легион Реувена, на севере располагался легион Дана.
> Эти четыре легиона соответствуют четырем легионам ангелов:
> легион Йеуды отображал Небесный легион, ведомый ангелом Гавриэлем;
> И дальше про остальные легионы: легион Эфраима соответствовал легиону ангела во главе с Рафаэлем, легион Реувена соответствовал воинствам Небесным, возглавляемым Михаэлем. Дальше, легион Дана был земным подобием небесного легиона Уриэля.
> Добавилась составляющая – четыре ангела.

Это силы! И ничего другого нет! Это сила! И все. Особые силы. Когда всё комбинируется вместе в правильном соответствии с тем, что там указано, то проявляются четыре силы, которые держат тебя в правильном сочетании между собой. И как следствие правильного соединения между собой всех колен в их правильном

---

[76] Тора, «Числа», «Бемидбар», 2:17.
[77] Тора, «Числа», «Бемидбар», 2:18.
[78] Тора, «Числа», «Бемидбар», 2:25.

распределении раскрываются эти четыре основные силы: хохма, бина, зеир анпин, малхут – так проявляются эти четыре ангела Гавриэль, Рафаэль, Михаэль, Уриэль – четыре основные силы, которые держат всё вместе, и они олицетворяют собой четыре столпа мира.

И ведут к соединению этого колена.

Они ведут рукою твердой, но справедливой.

Идет серьезное правильное давление, потому что все устремлено к четкому развитию. И духовные законы – *не демократия*.

Раскрытие этих законов обязывает человека дать свою долю, толику усилий. Каждый из них несет с собой и жесткую силу, и одновременно исправление.

Здесь нет понятия демократии?

Демократия – это отсутствие порядка.

Это выдумано только для того, чтобы избавиться от царской власти. А самое надежное и хорошее – это царская власть, которая *поддерживается* мудрецами.

Вы за царскую власть?

А мир так создан, что есть одна сила наверху – Царь мира, и под ним – все остальные. Так же и на земле.

Для царя его страна, его народ, были его заботой, его работой. И он заботился, и он думал, и он что-то делал.

Что было при царях Давиде, Шломо?

Санедрион. Это совет мудрецов.

Кроме того, при царе всегда существовали пророки. Пророк обязан был благословить царя, и тогда он, действительно, становился царем.

Есть законы, которые обязан соблюдать царь, потому что Творец находится выше него! И у царя очень четко расписанный график и очень четкий распорядок дня – что он должен делать, на каком духовном уровне он должен быть. Это тяжелейшая работа!

Мы сейчас говорим о ветвях, о духовных корнях, которые опускаются на землю?

Да, такими они и были. Царь Давид Псалмы написал! На каком уровне он был! Шломо – Песнь Песней – самую святую книгу, которая говорит уже о полном объединении. О полной любви между творениями и Творцом. Такие были цари. Потом были и другие – помельче. Но всё равно! Судьи! Пророки. Это был период, когда существовала четкая иерархия.

Исходя из этой иерархии, левиты олицетворяли Синедрион?

Нет, в Синедрион могли входить люди совершенно не относящиеся ни к коэнам, ни к левитам.

И они должны были прийти к одному решению?

Да. Все! Не демократическим голосованием: кто кого купит или подставит, или взаимными какими-то уступками – здесь этого нет. Это совсем другое отношение к миру.

ПРОФИЛЬ ОРЛА, ЛИК ЛЬВА

Удивительно! В нашем мире это совершенно невозможно. Мы коснулись нашего мира, а сейчас посмотрим, что пишется в «Большом комментарии»:

«Кроме того, эмблемы, вышитые на четырех главных знаменах, соответствовали четырем земным созданиям, окружавшим Престол Небесной Славы (как описано в Ехезкель 1:10):

1) человеческому образу у подножия Престола соответствовало знамя Реувена, на котором были вышиты растения [...] (чьи корни внешне напоминают человека);
2) облику льва, находившемуся под Престолом, отвечал флаг Иеуды с изображенным на нем львом;
3) небесному образу быка соответствовал флаг Эфраима, на котором был вышит бык;
4) лику орла у Престола подобен был орел, вышитый на знамени Дана."

Ничего этого в вещественном виде нет. Даже говорить об этом и думать в таком направлении нельзя! Ты этим просто уводишь себя от правильного направления на раскрытие Творца.

А что все это значит – профиль орла, лик льва? Это свойства?

Конечно. Это хэсэд, гвура, тифэрэт и есод, это свойства. Духовный мир – это мир свойств, сил.

Но что значит свойств? Сил. Каждая сила являет собой определенное свойство, проявляет определенное свойство. Почему? Потому что каждая сила действует на эгоизм и, влияя на этот эгоизм, проявляет в нем определенное свойство. Сам эгоизм не имеет формы: «А-а, я желаю получать!» – всё, открываю рот – ничего другого в эгоизме нет. Сила, которая действует на эгоизм, через него проявляет определенное свойство. Это действует также, как мы говорили ранее: под белым полотном, которое представляет собой свойство отдачи и любви, должны снизу проявляться эгоистические порывы.

Тот же самый эгоизм?

Да, именно таким образом он проявляется.

Это называется «бесформенность эгоизма»?

Да, да.

И дальше сила, которая проявляется, дает наполнение – лик орла, лик…

Неважно, это может быть и человеческое лицо. Это те состояния, которых человек может достигать, если он уже готов к проявлению свойства Творца в нем. Это высокое свойство. Потому что тогда он становится уже ликом человека. Лик человека, как лик солнца, означает, что он уже излучает из себя. То есть достигает свойства отдачи.

Вся цель в достижении лика человека? Того, который от слова «Адам» – подобие Творцу?

Да. В Торе говорится не о физических телах, а о строении общей души. В порядке построения колен показано, из каких сил, намерений, свойств состоит душа.

Колена Израилевы со своими знаменами располагаются вокруг Шатра Завета в определенном порядке, словно войско выстраивается.

Напоминает атом: внутри ядро, ближе к нему располагается тот, кто может выдержать его излучение – излучение отдачи.

Да, по такому принципу они и группируются.

Что значит – к Ковчегу Завета «не подходи близко, иначе умрешь»? Или почему нельзя прикасаться к горе? Потому что не выдержат твои келим – твои желания могут стать эгоистическими. И тогда ты духовно умрешь!

Ты можешь подойти, если соответствуешь Высшему свету. Если – нет, то умрешь. И все человечество воспринимает «не приближайся», как смерть, как проявление жестких законов. И это действительно так, потому что тут система управления миром, физическая, серьезная. Но все законы все равно идут в потоке добра.

В «Большом комментарии» написано, что на каждом знамени были изображены три буквы:

«На главном знамени Иеуды — первые буквы имен трех праотцев — Авраама, Ицхака и Яакова.

Надпись на главном знамени Реувена содержала вторые буквы имен наших праотцев.

На главном знамени Эфраима написаны были третьи буквы имен наших праотцев.»

Вы можете объяснить этот код?

Есть в Книге Зоар большая статья «Дгалим» («Флаги»). На эту тему написано очень много других статей.

В духовном флаг – это знак, признак, основное свойство определенного колена из двенадцати, которые выступают в правильной связи между собой, чтобы обратить в свойство отдачи постоянно проявляющийся новый, всё более ярый эгоизм.

Дгалим нельзя переставлять, они должны двигаться в четком соответствии друг другу, подобно частям нашего тела. Тело человека перемещается в пространстве в соответствии с моторикой его движений. Так же должна двигаться общая душа, чтобы правильно переваривать и исправлять эгоизм, который проявляется в ней со времени прегрешения Адама. Таким образом общая душа все время обращает эгоизм в свойство отдачи и любви.

Все, что изображено на знаменах: имена и буквосочетания – означает правильную последовательность исправления свойств. Двенадцать колен располагаются на трех линиях, в основе которых лежит четыре буквы имени Творца: юд, хэй, вав, хэй.

Все наши свойства тесно взаимосвязаны, и самое главное, что поражает, – среди них нет ни одного плохого свойства. Вор – хорошо, лжец – тоже. Что в них хорошего? Возьмем, допустим, 10 граммов лжи, 20 граммов вора и 30 граммов изменника, правильно перемешаем, исправим на обратное – и получим следующую ступень.

Правильное сочетание келим (букв) по трем линиям дают нам четкую инструкцию, каким образом продвигаться в исправлении нашего разбитого эгоизма.

ШИФР МИРОЗДАНИЯ

Поэтому на каждом флаге и написаны буквы?

Изображения на флаге – это указание каждой части общей души, как правильно сочетать себя со всеми остальными, чтобы шаг за шагом двигаться вперед.

Один не может продвигаться. Допустим, есть миньян, 10 человек, которые обязаны правильно, в нужном количестве и качестве, в соответствии друг с другом правильно соткать общую основу, чтобы все больше и больше проявлялись условия для раскрытия Творца. Таким образом и реализуется 40-летнее путешествие по пустыне.

Порядок расположения букв такой же, как юд-хэй-вав-хэй – четырехбуквенное имя Творца, даже если это и другие буквы, которые в частном порядке заменяют это имя. Иначе говоря, кетэр и 4 буквы.

Это основа – 10 сфирот. Не может быть достигнуто свойство отдачи, свойство любви в малхут, в последней сфире, если не предшествуют ей девять первых сфирот.

Абсолютная отдача в кетэр, в самой первой сфире, должна пройти десять фильтров, изменений в различных свойствах эгоизма, пока не достигает последнего этапа. Тогда творение в состоянии реализоваться в свойстве отдачи в обратную сторону, в обратный свет, может не только выдержать этот свет, но и поднять себя до уровня Творца.

В Книге Зоар существует целая дискуссия, какая буква лежит в начале создания мира. Установлено, что первой будет бэт – «Берешит».

Да, первая буква очень важна, потому что она задает смысл всему акту творения. И поэтому в статье «Буквы Раби Амнона Саба» идет как бы спор за то, какой буквой создать мир, какая буква самая подходящая, чтобы привести в соответствие с Творцом весь эгоизм, все свойства, обратные Творцу.

Свойства обязаны быть противоположными, потому что только из их противостояния между собой можно начать различать, изучать и раскрывать самого Творца – иначе никак. Человек не может раскрыть ни одного свойства, ничего в мире, если у него нет обратной стороны.

Но как можно сделать что-то противоположное Творцу? В человеке создается свойство, которое должно быть не просто эгоистическим и противоположным Творцу, – оно постоянно растет, и человек обязан на контрасте сопоставлять в себе силу эгоистического получения с силой отдачи: свойства творения – свойства Творца, день и ночь.

В самом себе, в своих свойствах и желаниях человек должен чувствовать то и другое попеременно, а потом вместе – как они стоят друг против друга. В зависимости от того, каким образом он их сопоставляет, получается, что он низводит Творца до уровня тьмы. Или поднимает тьму до уровня Творца.

Эта работа помогает раскрыть Творца из свойства творения, обратного Творцу, но не как в нашем мире, увидеть одно на фоне другого, контрастно. Человек поднимается, берет от Творца Его свойства, накладывает их на свой эгоизм и делает фигуру, которая внутри абсолютно эгоистична, противоположна Ему, а снаружи проявляются все свойства Творца.

И тогда он начинает постигать два противоположных свойства в одном действии, в одной мысли, в одном акте. И снизу вверх из нашего мира человек сам начинает строить все мироздание, все миры.

Говорится, что миры строят праведники. Творец разрушил мир, который создал, а они его восстанавливают. Так ребенок собирает игрушку, специально разобранную нами, чтобы научить его.

Таким образом человек поднимается до уровня Творца, постепенно сам становясь Творцом. Проходит все эманации и во всем своем наполнении обретает свойства Творца.

Когда вы говорите о человеке, вы говорите об объединенном образе человечества?

Да. Образ един – это все люди мира, их внутренняя сердцевина, исправленная и соединенная вместе в одно единое, правильное состояние, которое называется «Адам» – подобный Творцу.

Сколько глубины и мудрости здесь. Все время замираешь перед ней и думаешь, как ее впитать?

Невозможно издали никаким умозрительным способом это сделать. Каббала – не обычная наука, которую можно изучать издали. Это не спектакль, который можно проиграть и при этом прочувствовать. Тут другое.

Надо так вжиться в этот образ, чтобы произошло настолько полное слияние с духовными ступенями, что человек из темной точки постоянно трансформируется в светлый образ полной отдачи и любви.

Двенадцать колен, как одно целое, двигаются по пустыне, по мере раскрытия в них эгоизма как бы поглощают ее в себя и перерабатывают в свойство соединения между собой. Подойдя к границам Израиля, они уже полностью объединены и представляют собой свойство, которое может начать завоевывать эгоизм.

Сорок лет пустыни они приподнимались над эгоистическими проявлениями. Сейчас эгоизм полностью раскрылся на все 100 процентов, то есть находится в виде духовного потенциала, но никакой связи с ним нет: только то, что народ находится над ним.

Вход в землю Израиля означает, что мы, как экскаватор, ковшом берем эгоизм и перевариваем, переворачиваем его – и в нас эгоизм обращается уже в альтруизм. С его помощью мы уже можем не просто быть над ним, а отдавать, получать и взаимодействовать между собой.

Это уже называется завоеванием Земли Израиля, в которой существуют семь народов – семь глубоких эгоистических свойств, с которыми мы должны работать, то есть завоевать их. Мы входим и начинаем воевать против наших семи эгоистических свойств, перерабатывая эгоизм, перелопачивая его в себе.

Завоевание всего этого эгоизма, работа с ним на отдачу и любовь – получение ради отдачи – знаменует собой завоевание Земли Израиля. Земля – *Эрец*, от слова *рацон* (желание). Исраэль в переводе означает «прямо к Творцу».

После завоевания Земли Израиля мы уже можем достичь ступени, которая называется Храм. Наше общее желание становится таким, что есть возможность полностью раскрыть Творца в самом высшем Его проявлении. Это и есть создание Первого Храма, *мохин дэ-хая* – место проявления Высшего света.

СЛИШКОМ БЛИЗКО К ОГНЮ

Дальше говорится так:

/1/ А ВОТ РОДОСЛОВИЕ ААРОНА И МОШЕ, КОГДА ГОВОРИЛ БОГ С МОШЕ НА ГОРЕ СИНАЙ. /2/ И ВОТ ИМЕНА СЫНОВЕЙ ААРОНА: ПЕРВЕНЕЦ НАДАВ, И АВИУ, ЭЛЬАЗАР И ИТАМАР. /3/ ЭТО ИМЕНА СЫНОВЕЙ

ААРОНА, КОЕНОВ ПОМАЗАННЫХ, КОТОРЫХ ОН УПОЛНОМОЧИЛ СЛУЖИТЬ. /4/ НО УМЕРЛИ НАДАВ И АВИУ ПРЕД БОГОМ, КОГДА ВОСКУРИЛИ ОНИ ОГОНЬ ЧУЖДЫЙ ПРЕД БОГОМ В ПУСТЫНЕ СИНАЙ, А ДЕТЕЙ НЕ БЫЛО У НИХ, И СЛУЖИЛИ ЭЛЬАЗАР И ИТАМАР ПРИ ААРОНЕ, ОТЦЕ СВОЕМ.

Мы говорили подробно о Надаве и Авиу, двух сыновьях Аарона, которые хотели перескочить через ступени продвижения и в результате умерли.

Надав и Авиу хотели сделать самое святое действие, но не были к нему подготовлены. Это и вызвало гибель этих свойств, ведь речь в Торе идет не о людях.

То, что называется Надав, Авиу и прочие – это просто свойства, исправление которых заключается в том, что они сгорели, рванувшись вперед.

Надо смотреть на это просто, не с трагической стороны, что имеются в виду, якобы, люди, которые страдают. Это не правильно так понимать Тору.

Мы строим группу из определенного количества людей, которые взаимосвязаны между собой. Группа – это не мы, не каждый из нас, из десяти человек, а наши внутренние свойства, которые надо сжечь, убить, исправить на обратное в себе.

Мы должны внести все наши свойства, часть из которых будет сожжена, раздавлена, распилена, склеена – и в итоге получим круг. Все наши свойства должны быть внутри, но в своих других новых проявлениях.

И дальше снова возвращается к Леви:

/5/ И ГОВОРИЛ БОГ, ОБРАЩАЯСЬ К МОШЕ, ТАК: /6/ «ПРИВЕДИ КОЛЕНО ЛЕВИ И ПРИСТАВЬ ЕГО К

ААРОНУ-КОЕНУ, ДАБЫ ПОМОГАЛИ ОНИ ЕМУ. /7/ И ПУСТЬ НЕСУТ ОНИ СТРАЖУ ЗА НЕГО И СТРАЖУ ЗА ВСЕ ОБЩЕСТВО ПЕРЕД ШАТРОМ ОТКРОВЕНИЯ, ИСПОЛНЯЯ СЛУЖБУ ПРИ ШАТРЕ».

От кого Леви сторожат место около шатра?

Речь идет о свойстве, которое стережет человека, чтобы он не работал с желаниями, со свойствами, которые недостаточно исправлены.

Мы должны понимать, что есть правая и левая линия, и они должны поддерживать друг друга. Иногда человеку кажется, что он идет вперед, он рвется к свойству отдачи, любви, к раскрытию Творца, а на самом деле он еще не готов сблизиться с Творцом. Это надо хорошо проверять.

Как правило, свойства правой линии, которые рвутся вперед, очень нуждаются в левой линии, которая сдерживает, бьет, чтобы заставить его еще раз проверить, углубиться, правильно связать себя, сопоставить. И главное — создать как бы подушку безопасности, то есть особое окружение, которое тебя поддерживает.

Человек, когда начинает осваивать новую ступень, рвется в свойство отдачи. Но войдя в него, он теряет голову, у него нет контроля над собой, потому что сейчас он видит, что всё — абсолютная любовь. И тут же сгорает, как Надав и Авиу.

В процессе постижения духовных свойств существует проблема — человек входит в какое-то из этих свойств, становится им, и у него всё меняется. Он уже не контролирует себя с уровня своего прошлого состояния.

Человек должен заранее создать противовес тому свойству, в котором будет находиться в своем будущем состоянии, чтобы не терять голову, что называется. Это непросто.

Получается, что левая линия – строящая?

Конечно, она строит. Без эгоизма невозможно обрести никакую форму! Поэтому он не уничтожается, он нам все время помогает. Ты как бы кладешь лист меди или золота на него и начинаешь отбивать молотком, пока не получается определенный рельеф.

Все проблемы, все прегрешения исходят в основном из того, что, как говорится, «благими намерениями вымощена дорога в ад».

Намерения, действительно, были благие. И вдруг ты падаешь, потому что становишься уверенным, что можешь работать с любым свойством на отдачу. Тут и происходит короткое замыкание. Всё сжигается. И ты падаешь во тьму.

У нас есть такие перепады состояний, но они маленькие и не ведут к огромным погрешностям. Потому что мы находимся в периоде подготовки, который называется предварительный – от ло лишма к лишма.

Этот период необходим именно для того, чтобы правильно уравновесить в человеке два свойства, чтобы он одинаково относился и к свету, и к тьме, и к желанию получать, и к свойству отдачи. Человек должен понимать, что невозможно без этого. Свойство тьмы и свойство света равноценны в постижении Творца, не может быть одного без другого.

Человек должен правильно подниматься над собой, над своим желанием рвануть вперед, еще больше отдать. Допустим, все говорят, какой ты хороший и добрый, потому что ты что-то сделал для какого-то особого человека, и в этом порыве под их воздействием ты еще больше отдаешь! А потом начинаешь сожалеть.

Сожаление сбрасывает тебя со всех ступеней вниз, обратно. Чтобы предостеречь человека от такого падения, мы и находимся в периоде, когда две силы должны быть здраво уравновешены.

Левая линия сейчас – это Высший разум, который говорит: «А сейчас посмотри на твое движение, на этот порыв, посмотри, что есть вокруг, и увидишь, что ты все еще находишься в эгоизме».

Это и есть проявление Высшего разума в свойстве получения. Потому что только благодаря эгоизму – левой линии – мы и начинаем осознавать, контролировать себя.

Правая линия – это только отдача, любовь, нет суда, нет никакого ограничения, нет контрастов, контроля. Свет Творца не может проявиться без левой линии, без всего того, что она дает.

Недооцениваем мы левую линию. Не понимаем, что это – добавка эгоизма. А ведь левая линия – это наша возможность проверить себя.

Да, эгоизм – великий помощник. Направлен против нас, но действует в помощь.

КОЛЫБЕЛЬ ЧЕЛОВЕЧЕСТВА

В конце главы «Бемидбар» говорится о том, как двенадцать колен располагаются вокруг Шатра Откровения.

Это обозначение свойств единого кли, в которое сбились все люди из лагеря (на иврите – *маханэ*), возглавляемого Моше.

Это группа Авраама, которая вышла из Вавилона и которая по ходу движения все время приобретала силу и форму.

Но начальная точка – это Вавилон?

Начальная точка – это Адам. От Авраама и дальше уже идет реализация методики исправления эгоизма, который проявился в Вавилоне на человеческом уровне.

Адам, затем Ноах (Ной) выявили свойство первого и второго уровня, то есть как бы надэгоистические проявления эгоизма.

Третий и четвертый уровень уже относится к эгоистическому разделу души, то есть толщине души. Поэтому Авраам коренным образом отличается от Адама и Ноаха. Адаму сам Творец сделал облачение, одежды. Ноах закрыл себя от всех эгоистических земных свойств в коконе, взяв с собой «каждой твари по паре».

В Вавилоне уже была построена башня до неба, олицетворявшая настоящий эгоизм – человеческий, когда люди перестали понимать друг друга. Им было над чем возвышаться и что исправлять. На этом этапе Авраам и раскрыл применение методики исправления и начал ее реализовывать.

Вавилон олицетворяет собой серьезное начало человеческого развития. Поэтому и говорится, что это колыбель всего человечества, оттуда всё разошлось, рассеялось по всей Земле.

К чему призывал Авраам? Вернуться и остаться одной семьей? Подняться над эгоизмом и соединиться так, чтобы ощутить себя одной семьей?

Глава «В пустыне»

Вернуться им некуда, потому что там были абсолютно разные люди из больших племен, из которых состоял вавилонский народ.

Если говорить про объединение, то они не желали его. За несколько поколений они эгоистически развились до такого состояния, что внутренне были абсолютно удалены друг от друга, хотя вместе и пытались что-то сделать. Например, построили Вавилонскую башню.

Их эгоизм был готов идти вперед, достичь неба, полностью раскрыть, в чем заключается смысл жизни, для чего и где находится этот Творец и так далее. Для того и существовали башни-зиккураты.

В зиккурате было семь уровней, так описывается у Иосифа Флавия и в других источниках. В этом строении вавилоняне стремились воплотить все свои знания о сути Высшей силы и каким образом можно до нее дойти.

Были люди, кто поднимался выше или такие, кто оставался в нижнем уровне. Жертвоприношения, волхвы и всевозможные прорицатели, заклинания, пророчества, карты – все было в ходу.

Но самого главного, к чему стремились жители Вавилона, – раскрыть Творца не получилось, что разочаровало и погубило их.

И они разрушили Вавилонскую башню. Да и сама она потом просела, ведь строили ее из обожженной глины, которая со временем рассыпается. Сегодня остатков башни практически нет, но место более-менее мы знаем. В отличие от ковчега Ноя.

Все было в порядке у строителей Вавилонской башни, кроме одного – они пытались достичь Творца эгоистическим методом. Их собрание было хорошим, стояло на здоровом эгоизме: мы должны достичь неба, постичь Творца.

Вавилонская башня – это, конечно, не обожженная глина, а аллегория их внутреннего, очень серьезного, даже с надрывом, устремления к поиску смысла жизни.

Вавилоняне жили в очень хорошем обществе, почти в коммунистическом. Как сказано: *вэ-ая ам эхад, вэ-дварим ахадим* – как один народ, не было никаких особых трений между ними. Правильное общение, все хорошо, спокойно, тихо – так было до того, как взорвался эгоизм. Они начали пытаться приподняться друг над другом, и все это разрушилось.

В чем заключалось раскрытие Авраама?

Авраам – это свойство отдачи (*хэсэд*), свойство любви на маленьком уровне.

Авраам говорил: в этом эгоизме, который сейчас в вас взорвался, вспомните, как жили раньше. Когда вы были маленькими в своем эгоизме, вы взаимно сотрудничали друг с другом естественным путем. А сейчас надо приподняться над эгоизмом, который вас разобщает, и продолжать жить так же, несмотря на свой внутренний эгоизм.

Но выполнить эту работу человек не в состоянии. Надо собираться вместе, помогать друг другу, связываться с Творцом, чтобы вызвать на себя исправляющий свет, надо по-настоящему «возлюбить ближнего, как себя».

Это значит, ближний и ты – разные объекты, и между вами находится эгоизм. Как построить эту перемычку, соединение друг с другом?! Это очень непросто. Но возможно с помощью свойства Авраама – хэсэд, милосердие, когда вопреки своему маленькому эгоизму, который отдаляет меня от соседа, я начинаю специально работать над собой так, чтобы этот сосед стал мне так же дорог, как я сам себе. Это и называется «как себя возлюби ближнего».

Можно сказать, что от призыва стать одной семьей, от свойства милосердия он пришел к группе, к тому, что надо соединиться и работать между собой?

Пишет РАМБАМ, что тысячи людей собрались вокруг Авраама, и ушли они из Вавилона.

Сегодня в нашем материальном мире невозможно представить, что тысячи людей ходят сорок лет по пустыне. Но тут речь идет не о физическом переходе пустыни, а о внутреннем состоянии.

Авраам взял их и поднял с эгоистического уровня, который называется «Вавилон» до уровня «Эрэц Кнаан» – сегодняшняя Земля Израиля.

Сорок лет в пустыне – это внутреннее движение людей, во время которого они постепенно отходят от своих прошлых желаний и свойств и начинают собираться между собой. Это и есть их удаление от Вавилона и приближение к Земле Кнаан.

Их пустыня – на самом деле и не пустыня вовсе, там все растет, скот может найти себе пропитание, есть вода. Движение по пустыне – это их подъем вверх.

ПОДСЧЕТ ДУШ

В нашей главе продолжается движение по пустыне. Теперь уже Моше ведет народ, вышедший из Египта. И говорится:

/10/ ААРОНУ ЖЕ И СЫНОВЬЯМ ЕГО ПОРУЧИ, ЧТОБЫ НАБЛЮДАЛИ ОНИ ЗА СЛУЖБОЙ ИХ; ПОСТОРОННИЙ ЖЕ, КОТОРЫЙ ПРИБЛИЗИТСЯ, ПРЕДАН БУДЕТ СМЕРТИ.

Почему тот, который приблизится, является посторонним? Ведь идет народ…

Необходимо выяснять с точки зрения желаний и исправлений. Зачем смотреть на народ?!

Посторонний – это желание, которое не готово к исправлению и поэтому не может войти в Шатер Откровения. Отгороди его, избавься от него, выкинь за пределы стана или дай ему внутреннюю отсидку и потом постепенно принимай его, то есть абсорбируй это желание. Допустим, жениться, выйти замуж, взять себе в качестве раба – все это является привлечением к себе.

Но если желание продолжает оставаться посторонним, то оно не имеет права быть внутри стана. «Смерти будет предан» – выведен из стана. Ведь «смерть» олицетворяет его взаимодействие со светом.

/11/ И ГОВОРИЛ БОГ, ОБРАЩАЯСЬ К МОШЕ, ТАК: /12/ «ВОТ Я ВЗЯЛ ЛЕВИТОВ ИЗ СРЕДЫ СЫНОВ ИЗРАИЛЯ ВМЕСТО ВСЕХ ПЕРВЕНЦЕВ, ОТКРЫВАЮЩИХ УТРОБУ, ИЗ СЫНОВ ИЗРАИЛЯ, ЧТОБЫ МОИМИ БЫЛИ ЛЕВИТЫ. /13/ ИБО ВСЯКИЙ ПЕРВЕНЕЦ – МОЙ; КОГДА УМЕРТВИЛ Я ВСЯКОГО ПЕРВЕНЦА В СТРАНЕ ЕГИПЕТСКОЙ, ОСВЯТИЛ Я СЕБЕ ВСЯКОГО ПЕРВЕНЦА В ИЗРАИЛЕ, ОТ ЧЕЛОВЕКА ДО СКОТА – МОИ ОНИ: Я – БОГ!».

Что такое – «освящение первенца»?

Начало новой ступени начинается со сферы кетэр, в которой находится всё. Она распространяется и строит все остальные сфирот. Сфира кетэр, которая рождается из предыдущего состояния, и есть первенец. Поэтому это самое дорогое.

Глава «В пустыне»

Почему первенцев в Израиле Он сравнивает с первенцами, умерщвленными в Египте?

Первенцев в Египте нельзя было оставлять в живых, потому что все они – эгоистические желания, которые должны умереть. Благодаря тому, что они умерли, сейчас появляются первенцы другого типа – первенцы Израилевы.

Те желания, которые стремились только к получению ради себя, умерли в том своем качестве и обратились в следующую ступень, называемую первенцы Израиля – в кетэр.

Дальше идут исчисления:

/14/ И ГОВОРИЛ БОГ, ОБРАЩАЯСЬ К МОШЕ В ПУСТЫНЕ СИНАЙ, ТАК: /15/ «ИСЧИСЛИ СЫНОВ ЛЕВИ ПО ОТЧИМ ДОМАМ ИХ, ПО СЕМЕЙСТВАМ ИХ; ВСЕХ МУЖЧИН, ОТ ОДНОГО МЕСЯЦА И СТАРШЕ, ИСЧИСЛИ ИХ». /16/ И ИСЧИСЛИЛ ИХ МОШЕ ПО СЛОВУ БОГА, КАК БЫЛО ЕМУ ВЕЛЕНО. /17/ И ВОТ СЫНЫ ЛЕВИ: ГЕРШОН, И КЕАТ, И МРАРИ. /18/ И ВОТ ИМЕНА СЫНОВ ГЕРШОНА ПО СЕМЕЙСТВАМ ИХ:

– и идет перечисление. Потом говорится:

/40/ И СКАЗАЛ БОГ, ОБРАЩАЯСЬ К МОШЕ: «ИСЧИСЛИ ВСЕХ ПЕРВЕНЦЕВ МУЖСКОГО ПОЛА ИЗ СЫНОВ ИЗРАИЛЯ, ОТ ОДНОГО МЕСЯЦА И СТАРШЕ, И ПЕРЕСЧИТАЙ ИХ ПОИМЕННО. /41/ И ВОЗЬМИ ЛЕВИТОВ ДЛЯ МЕНЯ, ибо Я – БОГ, ВМЕСТО ВСЕХ ПЕРВЕНЦЕВ ИЗ СЫНОВ ИЗРАИЛЯ, ...
/42/ И ИСЧИСЛИЛ МОШЕ, КАК ПОВЕЛЕЛ ЕМУ БОГ, ВСЕХ ПЕРВЕНЦЕВ ИЗ СЫНОВ ИЗРАИЛЯ.

И дальше:

/1/ И ГОВОРИЛ БОГ, ОБРАЩАЯСЬ К МОШЕ И ААРОНУ, ТАК: /2/ «ИСЧИСЛИ СЫНОВ КЕАТА ИЗ СРЕДЫ СЫНОВ ЛЕВИ, ПО СЕМЕЙСТВАМ ИХ, ...

/4/ ВОТ СЛУЖЕНИЕ СЫНОВ КЕАТА В ШАТРЕ ОТКРОВЕНИЯ, В СВЯТАЯ СВЯТЫХ:
Что такое – эти исчисления?

Представь себе, что мы собираем какую-то схему, в которой находятся два противоположных свойства (иначе она не соберется). Из этих свойств можно создать всевозможные комбинации, но при этом необходимо четко определить свойства каждого сочленения между двумя противоположными.

Есть свет и тьма – желание отдавать, любить и желание получать, ненавидеть. Мы должны создать из них всевозможные сочетания. Из этого и состоит всё, что ты видишь, – наше сущее.

Например, можно ли точно, численно сказать, сколько есть эгоизма и сколько альтруизма в стакане чая? Об этом и говорится при исчислении.

Числа – это четкое выражение духовного уровня, состояния и одновременно свойства, которые невозможно передать никаким другим образом.

В наших словах передать духовные свойства – это неверно. Тогда как? Получается, что можно сделать это только численно.

У Бааль Сулама есть даже такие чертежи: числа выражают относительность свойства отдачи к свойству получения. Тут включается еще уровень по высоте и по трем линиям. И следует, что число – это код, который несет в себе информацию по высоте и ширине: из какой линии и какого колена, то есть координаты в общем стане.

Далее, идет подсчет количества составляющих частей, то есть частных душ, характер их соединения между собой и свойств. Причем ни у кого нет никакого личного свойства. Каждое свойство выражается через сопряжение с остальными, потому что всё идет на отдачу.

В нашем мире мы можем говорить о человеке. Или сказать, что это за чай. А в духовном надо говорить только о влиянии: что он дает, каким образом влияет, что доброе от него кто-то получает.

В итоге получаем определенный номерной код. Человек, который находится внутри духовного поиска, конечно, понимает его.

ЦИФРОВОЕ НАСЛАЖДЕНИЕ

Код – координаты относительно его расположения, относительно уровня его отдачи? И от отдаленности – приближенности высчитываются и все координаты движения, и эти цифры.

Все определяется уровнем отдачи. Относительно этого вычисляется мощность.

Вся Тора написана таким образом. Есть различные цифровые и чувственные, силовые коды.

А как иначе изобразить то, что мы не можем выражать словами нашего мира?

В общем, так пишется и в Книге Зоар – языком ветвей.

Язык каббалы – это язык сил, всевозможных векторов. Не все это понимают, не все могут начать обнаруживать за ними картину мира. Мы же все-таки передаем картины мира путем изображения, а не векторами.

Например, если взять телевизионную картинку – сделать стоп-кадр. Из всех векторов, которые образуют эту картинку составить какое-то уравнение. Что можно из него понять? Ты раньше видел уже картину в другом коде! Сейчас значки уравнения ты не воспринимаешь. А если настроишь себя на то, чтоб воспринимать их, то тебе не нужна будет эта картинка!

Так и цифры?

Да. Увидел цифру – и ты наслаждаешься! В этом и заключается создание новых келим, новых свойств, ощущений. Мы должны настроить себя, чтобы на новом уровне воспринимать духовные векторы: отдача – получение, любовь – ненависть.

Понемногу Вы нас приближали к этому, когда говорили, что такое буква: точка, прямая горизонтальная, прямая вертикальная…

Распространение ор хохма – вертикальная линия, ор хасадим – горизонтальная.

Из этих двух свойств и состоят все изображения. А точка – это их соединение. И если начинаешь этим жить, то видишь всю картину. Она мгновенно вызывает в тебе чувства! Ты смотришь и восхищаешься или, наоборот, тебя это пугает. То есть осуществляется воздействие самым прямым образом, за цифрами и значками мы вдруг ощутим всё величие свойства отдачи.

Глава «Исчисли»

ДУХОВНЫЙ МАРАФОН

Мы открываем новую главу «Насо» – «Исчисли». В этой главе продолжается подготовка сынов Израиля к переходу от горы Синай к земле Израиля.

Все сосредоточено вокруг Шатра Завета – переносного храма народа Израиля. Снова перечисляются коэны, левиты. И Творец велит произвести последнее очищение (указано вывести прокаженных и так далее). Об этом глава «Насо».

Вообще-то вся книга об этом. Вся Тора – только о том, как очиститься от нашего эгоизма и достичь такого уровня, который называется «вход в землю Израиля», то есть достичь таких желаний, которые будут только от меня – к другим. Подобные Творцу – доброта и любовь.

Но есть какое-то ощущение предстартовой лихорадки: вот оно начнется – движение! Вот сейчас мы сделаем последний рывок.

Нет. Это все реализуется в пустыне в течение сорока лет. Это не то, что рывком берешь какую-то высоту, и все.

Ты ее берешь все время?

Да. Это постоянно. Когда человек приходит заниматься каббалой, он входит в предварительное состояние, до входа на духовный уровень. И там тоже есть огромное количество разных состояний: подъемов, падений, движений вперед, которые кажутся будто бы регрессией. И вот так все движется.

Так что эти состояния все время повторяются.

Глава «Исчисли»

Я помню, сказал Вам: «У нас марафонская дистанция». Вы ответили: «Да, марафонская дистанция спринтерским бегом». Постоянно нужно прикладывать усилие. Это не тяжелая атлетика: взял вес – получил приз.

Да, это вечное движение от одного состояния к другому и так далее, и так далее. Главное – есть одна и та же тенденция: все состояния абсолютно разные, и все они поставляются нам Высшей силой, и мы должны все эти состояния устремить к одной и той же точке сближения с Ним. То есть главное – это связь с Творцом, несмотря на любые состояния, в которых мы находимся.

Маленький отрывок из Книги Зоар, из главы «Насо»:
«Счастлив человек, оказавшийся среди десяти первых в доме собрания, потому что благодаря им становится полным собрание, включающее не менее десяти человек. И они благословляются вначале Шхиной. А затем только производится исправление всего собрания. Как сказано: «Во множестве народа – величие Царя». И поэтому народ, приходящий после десяти первых, все они относятся к исправлению тела, то есть к исправлению собрания.»
Эти десять первых – кто это? Те, после которых уже весь народ идет.

Это структура: десять сфирот, не больше и не меньше. Собрав вместе десять разных свойств воедино, мы образуем мини-модель всего существующего мироздания! Того, которое мы даже не знаем и не представляем, что же это такое.

Мы не имеем дело со всем огромным мирозданием, включающим в себя все миры. Мы и наш-то маленький мирок не знаем. А говорить обо всех Высших мирах, каждый из которых в миллиарды миллиардов раз больше, чем наш мир, которого мы тоже не постигаем, – это же что-то невообразимое.

Но! Все это невообразимое, к счастью, очень легко постигается, когда мы строим из десяти людей такую общность, в которой они начинают друг друга дополнять. Как только они начинают попытки стать связанными друг с другом, на них начинает действовать общая сила, которая включает в себя все миры (все пять миров). Эта общая сила называется Высший свет, или Творец.

Как только мы делаем попытки связаться между собой в гармонии, то есть во взаимной отдаче, во взаимном дополнении друг друга, по принципу «возлюби ближнего, как себя», мы немедленно обязываем эту Высшую силу – по закону подобия – воздействовать на наши усилия. И в мере наших усилий быть связанными гармонично друг с другом, эта сила начинает на нас действовать и помогать нам быть связанными таким образом.

И затем в этой связи друг с другом, когда мы составляем уже одну систему, мы начинаем ощущать в ней движения между нами: один к другому, и к третьему, и так далее – и таким образом мы друг с другом взаимодействуем. И вдруг мы начинаем раскрывать – как в лаборатории или на полигоне – силы, свойства всего огромного мироздания, включая все Высшие миры, которых мы вообще не представляем.

И вдруг мы видим: «О! Тут пять миров». В нас, между нами – вдруг образуется пять уровней, и каждый из них делится на подуровни, еще подуровни и еще – вот такие связи. Всё можно исследовать, абсолютно все мироздание в связи между нами, которая называется «миньян» – 10 мужчин, связанные между собой узами полной отдачи и любви. И ничего больше и не надо.

И мы начинаем постигать всё мироздание именно таким образом. Мы не выходим куда-то из себя во вне, не плаваем в какой-то пустоте, мы проходим все внутри себя, в этой связи между нами.

И поэтому наука каббала называется внутренней наукой, а не внешней. Науки нашего мира внешние. Я выхожу, исследую что-то вокруг и вне себя, а здесь мы исследуем именно психологию нашей взаимной связи. Это и есть наука каббала.

Она важнее всех наук внешнего мира?

Важнее, потому что с помощью этого инструмента мы можем знать абсолютно всё! И те же физика, химия, всё, что есть в нашем мире, все науки раскрываются нам в самом естественном и, самое главное, базисном виде. Причем, они все раскрываются, как одна общая наука о всем мироздании, об общей природе – не разделенной на физику, химию, биологию, зоологию, физическую химию, химическую физику и т.д.

А когда ты постигаешь таким образом, внутри, то ты постигаешь самое главное: не просто неживую, растительную и животную природу, а ты постигаешь все в зависимости от себя. И тогда постижение становится объемным, потому что зависит от меня: как я постигаю, как я вижу мир, а на самом деле этого мира нет, он весь во мне, он весь зависит от того, как я себе это представляю.

В таком случае мы постигаем истинную науку, которая изначально настраивает меня на абсолютное, объективное исследование мира, показывая мне, насколько я субъективен. И я должен вывести себя на нулевой уровень.

Это называется «вера выше знания», то есть когда я не завишу от своих свойств. И тогда из этого состояния, когда я не завишу от своих свойств, я могу уже действительно исследовать все, что есть вне меня.

А до тех пор, пока я в своем эгоизме и все зависит от моих свойств, всё, что мы раскрываем, всё, что нам представляется – это всего лишь узкий маленький мирок, абсолютно искаженный нашим эгоизмом. В нем мы наталкиваемся как бы на сферу, за которую не можем выйти, на нашу маленькую матрицу, в которой мы существуем. Для того чтобы выйти и на самом деле ощущать, где же мы находимся, – нам надо стать независимыми, объективными. А этого мы пока достичь не можем, для этого нам необходим сначала каббалистический практикум.

РЕВИЗИЯ СВОИХ СВОЙСТВ

Вот интересно, у меня ощущение, что вы это уже рассказывали. А при этом вроде все по-новому.

Потому что каждый раз все меняется: ты, я, мир, общее состояние людей. И это дает возможность совершенно по-другому все прочувствовать, услышать.

Если пытаешься перечитывать что-то из обычной литературы, то видишь, что «это я уже читал». А здесь все время идет обновление.

В том, что читал в детстве или в молодости, нет особых новшеств. Там все плоское, потому что не зависит от внутренних состояний человека. А в каббале, поскольку все внутренние состояния меняются, мы всё переживаем заново, на другом уровне.

ГЛАВА «ИСЧИСЛИ»

Итак, глава «Исчисли» начинается с обычного: «И говорил Бог, обращаясь к Моше». Через Моше Он проходит ко всем остальным?

Только так. Моше – это точка в нас, которая связывает человека с Творцом, то есть мы все время этой точкой говорим с Творцом, только не слышим этого, и наша задача в том, чтобы услышать.

/21/ И ГОВОРИЛ БОГ, ОБРАЩАЯСЬ К МОШЕ, ТАК:
/22/ «ИСЧИСЛИ ТАКЖЕ ОБЩЕЕ ЧИСЛО СЫНОВ ГЕРШОНА...

Потом, исчисли
/29/ СЫНОВ МРАРИ...

Исчисли общее число сынов
СЫНОВ КЕАТА...

/49/ ПО СЛОВУ БОГА, ДАННОМУ МОШЕ, НАЗНАЧАЛИ ИХ, КАЖДОГО ДЛЯ ЕГО РАБОТЫ И НОШЕНИЯ; И ИСЧИСЛЕНЫ БЫЛИ ВСЕ, КАК БОГ УКАЗАЛ МОШЕ.[79]

На этом как бы заканчивается первое предисловие. Уже в который раз объясните, что это такое – «исчисление»?

Ревизия. Исчисление всех свойств, потому что все они находятся в каждом из нас, и мы должны все эти свойства просканировать, упорядочить, понять, какими я владею больше, какими меньше. Как они во мне компонуются в единый образ, и затем – что я с ним должен делать.

Это и есть исчисление?

---

79 Тора, «Числа», «Насо», 4:21–4:49.

Да, подготовка к действию. Это как в армии – надо построиться, привести себя в порядок, у каждого должно быть оружие, обмундирование, флаги и т.д.

Вот тут видно, что начинается движение в Эрец Исраэль уже из пустыни. Говорится о том, что надо сделать последнее очищение.

/1/ И ГОВОРИЛ БОГ, ОБРАЩАЯСЬ К МОШЕ, ТАК: /2/ «ПОВЕЛИ СЫНАМ ИЗРАИЛЯ, ЧТОБЫ ВЫСЛАЛИ ОНИ ИЗ СТАНА ВСЯКОГО ПРОКАЖЕННОГО, И ВСЯКОГО, ЧЬЯ ПЛОТЬ ИСТЕКАЕТ СЛИЗЬЮ, И ВСЯКОГО, ОСКВЕРНИВШЕГОСЯ МЕРТВЫМ.[80]

В каждом человеке существуют эти свойства.

Прокаженный? Оскверняющийся мертвым?

Это всё наш эгоизм, который еще не получил исправления, и поэтому его надо исправить. Но для того чтобы его исправить, надо точно выделить негодные, эгоистически пораженные части, от уже выздоровевших, уже здоровых, уже с намерением ради отдачи и любви, ради хорошей правильной связи.

И поэтому здесь снова проводится очищение, но это на каждом этапе, на каждом шагу.

Когда делается какой-то шаг вперед в этой работе по подготовке к подъему на уровень, который называется «Земля Израиля» (а это полная отдача и связь между всеми во взаимной любви), то надо каждый раз проводить действия по анализу, по выборке всего, что недостает.

Например, тебе дали отсортировать, выбраковать какие-то детали. Возможно, достаточно правильного

---

80 Тора, «Числа», «Насо», 5:01–5:02.

ГЛАВА «ИСЧИСЛИ»

света или затем понадобятся специальные очки. То есть каждый раз резолюция, увеличивается.

Потому что идет процесс приближения к свойству отдачи и любви – движение к земле Израиля.

Мы слышим те же слова о тех же свойствах, но по-другому. Рассматриваем все как бы под более сильной лупой?

Конечно, в школе же есть разница в изучении математики в первом классе или в десятом.

Что такое – «прокаженный», «оскверненный мертвыми»?

Различные виды поражения тела эгоизмом.

Это то, что исправить пока невозможно?

Это можно исправить, только если ты отсортируешь одно от другого, и тогда обнаружишь – эти свойства действительно вредные или нет, и насколько? Причем, когда ты выделяешь их, только тогда ты можешь их и исправлять – вне стана.

Но в любом случае поколение, которое выходит от горы Синай и приходит к Эрец Исраэль (в землю Израиля), умирает, то есть эгоизм его умирает полностью. И в землю Израиля входит только новое поколение, вступают в землю Израиля рожденные заново.

СО СКАЛЬПЕЛЕМ В РУКЕ

А куда «выводятся» эти прокаженные, оскверненные?

За пределы желаний, которые будут участвовать в подъеме на уровень «земля Израиля». А те – не будут. Или они умрут, то есть их надо полностью изменить, полностью исправить. Смерть – это очищение, это не наша животная смерть. Надо думать о том, как выделить из себя такие негодные желания, свойства, которые я просто убираю от себя, не использую их. Их неиспользование, выход их стана – это своего рода умерщвление. Они не могут получить свет.

Проблема в том, что когда они находятся среди правильных желаний и намерений, то они получают от них свет, они сосут из них, питаются.

Почему мы удаляем негодную часть из тела? Потому что она сосет из тела, вбирает от правильных нормальных свойств себе и таким образом сама не умирает. А если ты ее вырезаешь, удаляешь из тела, то за неимением питания, она умирает.

То есть эгоизм такого вида умирает, остаются неэгоистические свойства: эгоистическое намерение умирает, а сами желания начинают восстанавливаться, проходят исправление и присоединяются к здоровому телу.

Желания обязаны сохраниться – говорится только о намерениях.

То есть ничего не исчезает...

Не исчезает ничего. Только эгоистические намерения умирают: их вырезают, удаляют, и вместо них появляются уже намерения альтруистические. А желания – все те же 613 желаний – остаются теми же.

Этот же прокаженный потом становится чистым?

Прокаженный – это термин, который говорит о том, как ты неправильно используешь какое-то желание, ради себя. А выздоровление – это значит, что ты отрезаешь от этого желания намерение «ради себя» и заменяешь его с помощью Высшего света, связью с другими, намерением «ради Творца».

А 613 желаний двигаются, они не уменьшатся и не увеличатся?

Это постоянно. То, что дано.

Дальше вот что говорится о следующем очищении:
/5/ И ГОВОРИЛ БОГ, ОБРАЩАЯСЬ К МОШЕ, ТАК: /6/ «ГОВОРИ СЫНАМ ИЗРАИЛЯ: МУЖЧИНА ИЛИ ЖЕНЩИНА, ЕСЛИ СОВЕРШИТ КАКОЙ-ЛИБО ИЗ ГРЕХОВ ЧЕЛОВЕЧЕСКИХ, ИЗМЕНИВ БОГУ, И ПРОВИНИТСЯ ТОТ ЧЕЛОВЕК, /7/ ТО ПУСТЬ ИСПОВЕДАЮТСЯ В ГРЕХЕ СВОЕМ, КОТОРЫЙ ОНИ СОВЕРШИЛИ, И ВОЗВРАТИТ КАЖДЫЙ ЗА ПРЕДМЕТ ВИНЫ СВОЕЙ СПОЛНА…[81]

Что это такое – «изменив Богу»?

Когда я вместо Бога люблю кого-то другого. Да-да – это не смешно! Потому что если я люблю кого-то, то все мои мысли, все мои намерения только на то, чтобы ему было хорошо – это называется «любовь к ближнему». Нет у Творца, как такового, какого-то образа – это свойство отдачи и любви, которое должно заливать все наше пространство между нами.

И вдруг вместо любви к Творцу, к свойству отдачи и любви, я начинаю уходить в эгоистическую любовь – другой не может быть. Потому что Бог не является какой-то персоной: вот я люблю Его, а потом я смотрю на другого. Он мне товарищ, а этот уже нет. То есть вместо того

---

81 Тора, «Числа», «Насо», 5:05-5:07.

чтобы взращивать общую любовь между всеми, я начинаю думать о ком еще? О себе.

О ком-то.

О ком-то — это то же о себе, это просто неверно. Ведь, опять-таки, любовь к Творцу называется любовью к свойству отдачи и любви — к свойству! А если я отворачиваюсь от этого свойства, не люблю его, значит это уже о себе — однозначно. Значит, это и называется изменой.

Потрясающе, что в каббале нет середины!

А какая может быть середина? И в технике так, и в природе: или плюс, или минус — или туда, или обратно. Ничего другого нет!

Если ты не завязан на свойстве отдачи, то ты неизбежно завязан на себе?

Конечно, это четко детерминировано

Но есть ведь простая человеческая любовь.

Об этом вообще не говорится. Мы говорим здесь о любви к свойству! К состоянию! Это трудно понять.

Но в нашем мире то же самое. Только мы этого не ощущаем, не понимаем, мы не раскрываем в себе эти возможности. На самом деле — это любовь к состоянию! Я не люблю какого-то человека или люблю. Я люблю состояние! Я нахожусь в каком-то состоянии, вызванном во мне или другим человеком, или какой-то едой, или музыкой — это состояния!

Состояние — это и есть «наполнение»?

Да.

ГЛАВА «ИСЧИСЛИ»

Написано:
/7/ ТО ПУСТЬ ИСПОВЕДАЮТСЯ В ГРЕХЕ СВОЕМ, КОТОРЫЙ ОНИ СОВЕРШИЛИ.[82]

Что такое «исповедаться в грехе», «изменив Богу»?

Анализ того, что ты делал!

В каком состоянии ты оказался? А без этого анализа ты не сможешь правильно идти вперед! Осознание зла является необходимым условием его преодоления!

«Изменив Богу», то есть, уже оторвавшись от этого свойства, как я анализирую это?

Анализ мы проводим, находясь под воздействием группы, окружения и учебы по правильным статьям, по правильной системе. Мы начинаем самих себя судить – это и есть молитва. «Леитпалель» на иврите означает, что я сам себя сужу. Это обратный глагол.

Это и есть анализ?

Это часть анализа. И когда я нахожусь в связи с себе подобными, которые устремляются к Творцу, тогда я могу, благодаря этой связи, как бы с их точки зрения посмотреть на себя. И тогда я могу себя анализировать. Потому что если я только сам в себе, то я нахожусь на уровне животного. Животное ощущает себя в себе. Человек ощущает себя относительно других, и поэтому у него есть и зависть, и ревность, и другие свойства. Они и у животных отчасти существуют.

Вся проблема в нас: чтобы правильно себя проанализировать, мы должны быть в группе.

---
82 Тора, «Числа», «Насо», 5:07.

Это не самокопание, а именно анализ?

Нет. Самокопание приведет только к депрессии, ты будешь заниматься самоедством: какой я такой-сякой – это всё непродуктивно. Анализом является состояние, когда ты привлекаешь на себя Высший свет. И относительно него, а он приходит через группу, – то есть относительно группы ты начинаешь себя анализировать. Этот анализ – целенаправленный: показывает тебе, насколько ты не находишься в правильном сочетании с группой, то есть с Творцом! Потому что группа представляет собой общее свойство связи, относительно которой ты себя и меряешь. А если ты будешь один себя мерить, ты будешь сравнивать с тем, что есть в нашем мире – это совершенно не то состояние, с которым тебе надо сравниваться.

И потому это обязательно должно быть через группу и через Высший свет, который приходит через нее. Мы реализуемся полностью только в ней.

ПОЧЕМУ ОНА МНЕ ИЗМЕНИЛА?

Дальше идет довольно пикантная тема:

/11/ И ГОВОРИЛ БОГ, ОБРАЩАЯСЬ К МОШЕ, ТАК: /12/ «ГОВОРИ СЫНАМ ИЗРАИЛЯ И СКАЖИ ИМ: ЕСЛИ ЧЬЯ-ЛИБО ЖЕНА СОВРАТИТСЯ, И ПОСТУПИТ С НИМ НЕЧЕСТНО, /13/ И ЛЯЖЕТ С НЕЙ ЧЕЛОВЕК С ИЗЛИЯНИЕМ СЕМЕНИ, И ЭТО БЫЛО СКРЫТО ОТ ГЛАЗ МУЖА ЕЕ, А ОНА ОСКВЕРНИЛАСЬ ВТАЙНЕ, И СВИДЕТЕЛЯ ПРОТИВ НЕЕ НЕТ, И НЕ БЫЛА ОНА ВЗЯТА СИЛОЙ, /14/ А НА НЕГО НАЙДЕТ ДУХ РЕВНОСТИ, И БУДЕТ ОН РЕВНОВАТЬ ЖЕНУ СВОЮ...

ГЛАВА «ИСЧИСЛИ»

/15/ ТО ПУСТЬ ПРИВЕДЕТ ЭТОТ ЧЕЛОВЕК ЖЕНУ СВОЮ К КОЕНУ...[83]

Что это?

Очень сложно объяснить! У меня существует очень четкое направление на Творца, и я к этому направлению постепенно привязываю все мои желания, чтобы они мне помогали сближаться с Ним, то есть подниматься на уровень выше меня. Вопреки своему эгоистическому свойству, которое желает увлечь меня на какие-то земные наслаждения этого мира, я все-таки хочу устремить эти свойства для достижения Высшего мира, Творца. И все время пытаюсь направить эти свойства, эти желания правильно к цели.

В таком случае я работаю с этим желанием или с группой желаний в правильном направлении, в движении к цели. Я отменяю себя, я верю, что все исходит из Творца: и все условия, и все трудности – всё приходит от Него, для того чтобы я приподнялся над собой и был в вере выше знания. Это целая система, которую мы строим, – я таким образом со своими этими желаниями направляюсь к Нему.

Вдруг возникает проблема. Я где-то отключаюсь от этих усилий. И вдруг я обнаруживаю, что мои желания, с которыми я устремлялся к Творцу, устремляются ко всяким мелочам жизни в этом мире. Вот это измена.

Что же мне делать?! Мне надо с этими желаниями что-то делать, я должен их проверить: почему так получилось, где я потерял контакт с Творцом, и мне надо все время быть на связи с Ним. В какой момент, при каких условиях мое желание вдруг соблазнилось контактом с каким-то

---

83 Тора, «Числа», «Насо», 5:11-5:15.

кинофильмом, праздником, футболом вместо контакта с Творцом. Почему она мне изменила – эта нуква, это желание – отказалась быть прикрепленной к своему мужчине – к Зэир Анпину, к намерению на Творца?! И здесь начинается исследование.

Как я могу это исследовать? Только если я поднимусь до уровня коэна. А иначе – никак, на своем месте я не могу, я на своем месте и потерял ее. Поэтому она сразу же упала и изменила.

Ее надо поднять до коэна?

Надо поднять эти желания до уровня коэна и сделать проверку.

Это Высший свет, который помогает человеку проверить, почему он не устоял, что на него подействовало. Или подвели его таким образом. Но здесь говорится, что нет, не насильно. Нюансов очень много. Как и в нашем мире, да и намного больше. Но они все решаются в таком виде.

По-моему, вы очень хорошо объяснили! Теперь вот это: /14/ А НА НЕГО НАЙДЕТ ДУХ РЕВНОСТИ, И БУДЕТ ОН РЕВНОВАТЬ ЖЕНУ СВОЮ…[84]

Он прилагал такие усилия, чтобы быть связанным с Творцом, и именно с помощью этих желаний. И он чувствовал, что может удержаться в этом состоянии, когда он входит в зародыш на следующий уровень – «ибур». И вдруг случается измена, такая трагедия, что он падает из этого состояния. Он уже прямо входил на следующую ступень, в высший парцуф, и вдруг он падает. Из-за чего?

---

84   Тора, «Числа», «Насо», 05:14.

Из-за того, что несколько из его желаний отключились от этого намерения.

Тут ничего уже не сделаешь, надо проверять.

Всё, что происходит в нашем мире, исходит из духовных корней?

Конечно. В нашем мире не может быть ничего другого! Более того, наш мир совсем плоский.

В духовном мире ты любые состояния: измены, ревность используешь для своего подъема. Там ничего не пропадает зря.

Ты можешь целый роман написать на духовный сюжет. Написать просто, как муж с женой вместе как партнеры находятся в поиске. И ее увлек физически другой мужчина, в результате чего она отрывается от их общей идеи. А без нее он не в состоянии достичь цели.

Он действительно без нее не в состоянии достичь?

Нет, конечно. Она убила его состояние. Без нее невозможно, это же, минимум, половина состояния.

ГОРЬКАЯ ВОДА, НАВОДЯЩАЯ ПРОКЛЯТИЕ

То есть она предала их совместное продвижение к цели, и пока он «не приведет жену свою к коэну…»

Если смотреть через призму нашего мира, дальнейшее выглядит почти как какое-то колдовство:

/18/ И КОГДА ПОСТАВИТ КОЕН ЖЕНЩИНУ ПРЕД БОГОМ, РАСТРЕПЛЕТ ОН ВОЛОСЫ НА ГОЛОВЕ

ЖЕНЩИНЫ, И ВОЗЛОЖИТ ЕЙ НА ЛАДОНИ ТОТ ДАР ПАМЯТНЫЙ, ДАР РЕВНОСТИ, А В РУКЕ КОЕНА БУДЕТ ВОДА ГОРЬКАЯ, НАВОДЯЩАЯ ПРОКЛЯТИЕ. /19/ И ЗАКЛЯНЕТ ЕЕ КОЕН, И СКАЖЕТ ЖЕНЩИНЕ: ЕСЛИ НЕ ЛЕЖАЛ С ТОБОЙ МУЖЧИНА, И ЕСЛИ НЕ СОВРАТИЛАСЬ ТЫ И НЕ ОСКВЕРНИЛАСЬ втайне ОТ МУЖА ТВОЕГО, ТО НЕ ПОВРЕДИТ ТЕБЕ ЭТА ГОРЬКАЯ ВОДА, НАВОДЯЩАЯ ПРОКЛЯТИЕ.

/22/ И ВОЙДЕТ ЭТА ВОДА, НАВОДЯЩАЯ ПРОКЛЯТИЕ, ВО ВНУТРЕННОСТИ ТВОИ, ЧТОБЫ ВСПУЧИТЬ ЖИВОТ И ОПАВШИМ СДЕЛАТЬ БЕДРО. И СКАЖЕТ ЖЕНЩИНА: АМЕН, АМЕН![85]

Он должен написать текст особый и потом смыть его водой с пергамента и дать эту воду пить женщине.

/23/ И НАПИШЕТ КОЕН ЗАКЛЯТИЯ ЭТИ НА СВИТКЕ, И СОТРЕТ их В ГОРЬКУЮ ВОДУ. /24/ И ДАСТ ЖЕНЩИНЕ ВЫПИТЬ ЭТУ ГОРЬКУЮ ВОДУ, НАВОДЯЩУЮ ПРОКЛЯТИЕ, И ВОЙДЕТ В НЕЕ ВОДА, НАВОДЯЩАЯ ПРОКЛЯТИЕ...[86]

И именно эти буквы, которые он напишет! Когда они войдут в это желание, то если это желание правильное, оно от этого только приподнимается, и возникает еще большая связь с мужем (муж тут выступает в качестве Творца), а если нет, то сразу же эти буквы проявляются как разбиение, и, естественно, парцуф надо заново исправлять.

---

[85] Тора, «Числа», «Насо», 5:18-5:22.
[86] Тора, «Числа», «Насо», 5:23-5:24.

А что это такое: «растреплет волосы на голове женщины», «возложит в ладони тот дар памятный»? Это работа коэна над нуквой?

Нет в нашем мире таких аналогий. Потому что тут уже точно идет действие с высшей ступени.

Это коэн работает (высшая ступень) над низшей ступенью – над малхут. Коэн – это ГАР дэ-бина, коэн – это кетэр. Именно потому что он воздействует таким образом на малхут, только он может раскрыть ту глубину неисправленных или исправленных желаний, которая есть в малхут. Сам муж не в состоянии, никто из уровня «исраэль» или «левиты» не в состоянии, а только коэн. И только свет, который приходит из кетэр самого высшего уровня, может просветить эту малхут до конца и увидеть на самом деле глубину ее намерений.

Ко всем предыдущим состояниям, к которым шли муж и жена, то есть девять первых сфирот и малхут, когда они поднимались вместе выше, – они поднимались тоже через коэна, он на них спускал свет. И когда эта связь прерывается, значит, надо исследовать малхут – что в ней происходит. И поэтому тот же коэн пишет как бы программу, состояние их парцуфа, который они должны были в слиянии между собой сделать – муж и жена, то есть девять сфирот и малхут. И когда он это дает женщине…

Малхут.

…тогда и выявляются в ней свойства, которые находятся в связи с тем строением, которые они должны были вместе с мужем получить (или нет), и видно – готова она к этому или нет.

Это как лакмусовая бумажка?

Да. Но все эти мужчины, с которыми она якобы была или не была, – это все эгоистические желания, которые ее отвлекают.

В отрывке из Зоар сказано по этому поводу: «Но ведь совершение коэном суда противоречит его ступени хэсэд, то есть милости, милосердию. Это не так, потому что он прилагает старания для умножения мира в мире. Если женщина оказывается чиста, то коэн умножает мир между женой и мужем ее».

Они при этом идут на следующий – более высокий парцуф. В итоге раскрывается еще дополнительное зло или дополнительная связь между ними, и они могут подняться уже на следующий этап.

Исправив его?

Да. То есть состояние прелюбодеяния, как бы, необходимо на некоторых ступенях.

И исправление поднимает?

Да. Всё – только во имя подъема. Ничего не случается в Торе, ничего не написано, чтобы это было во вред.

Вот дальше сказано: «Это не так, потому что он прилагает старания для умножения мира в мире. И если женщина оказывается чиста, то коэн умножает мир между женой и мужем ее. И, кроме того, она беременеет сыном от свойства «захар».

Если приблизиться к нашей жизни, то такие падения между мужем и женой, эти ссоры, потом рождают большую любовь?

Если они правильно их относят к Высшей силе, к тому, что все дается им только для того, чтобы они еще больше сблизились и поднялись. Тогда нет взаимных обид, а есть только взаимное сближение и работа вверх.

И наоборот, если они так не делают, то все, что происходит, ведет к разрыву.

И дальше в Книге Зоар говорится, – «если же она оказывается нечистой, то не коэн вершит суд, а святое имя, которому она изменила». Вот это не понятно.

Это та связь, та ступень, до которой они должны дойти. А святой – это свойство отдачи – *кадош*. Они должны были достичь следующего свойства отдачи, еще более высокого, а она изменила, упала с этого уровня в эгоистическое желание.

И само это свойство, которого она должна была достичь, ее сбросило. А теперь, если ее исправить, то она может его достичь. Чего-то не хватало в достижении этого уровня. И выявляется это именно таким образом – якобы через измену.

Но и муж при этом меняется. Он ее приводит к коэну. Он участвует во всем. Он должен выявить коэна, он должен поднять свои желания до такого уровня.

И всё это происходит в одном теле, внутри человека. И Творец – в нем, и муж, и жена, и все обстоятельства и свойства.

ВИНО, ВИНО, ВИНО!
ОНО НА РАДОСТЬ НАМ ДАНО

Следующий процесс очищения:

/1/ И ГОВОРИЛ БОГ, ОБРАЩАЯСЬ К МОШЕ, ТАК: /2/ «ГОВОРИ СЫНАМ ИЗРАИЛЯ И СКАЖИ ИМ: ЕСЛИ МУЖЧИНА ИЛИ ЖЕНЩИНА ДАСТ СТРОГИЙ ОБЕТ БЫТЬ НАЗИРОМ, ЧТОБЫ ПОСВЯТИТЬ СЕБЯ БОГУ ВОЗДЕРЖАНИЕМ, /3/ ТО ОТ ВИНА И ХМЕЛЬНОГО ДОЛЖЕН ОН ВОЗДЕРЖАТЬСЯ, УКСУСА ВИНА И УКСУСА ХМЕЛЬНОГО НЕ ПИТЬ, И НИКАКОЙ НАСТОЙКИ ВИНОГРАДНОЙ НЕ ПИТЬ, И ВИНОГРАДА СВЕЖЕГО ИЛИ СУХОГО НЕ ЕСТЬ.

Во-первых, что такое назир? Во-вторых, почему не пить вина и не есть винограда?

Назир – это определенное свойство. Отшельник, человек, который принимает обет воздержания.

С одной стороны, это вроде бы хорошо, а с другой стороны, абсолютно не приветствуется. Почему? Потому что цель творения – насладить. Со стороны Творца цель – насладить человека и, в итоге, все человечество, как одного человека, как одну душу. Наполнить всем наслаждением.

А ты вдруг не хочешь наслаждаться…

Ты отказываешься. Как можно от этого отказываться?! Но есть такие состояния, когда это необходимо!

Отказ от некошерного – это отказ от непригодного к исправлению наполнения. Приходит свет, который называется «свинина» или некошерное мясо, или мясо с молоком (это правая и левая линии без экрана), – такой свет наслаждения. В таких случаях, ты не просто не можешь принять их с намерением отдачи – у тебя нет этих сил.

В конце исправления, когда ты всё исправишь, будут эти силы, ты сможешь употреблять абсолютно всё со свойством отдачи, никаких ограничений у тебя не будет, никаких заповедей. Заповеди – это только необходимые действия исправления, пока ты не исправил свою душу, все ее части.

Назир – это тот, кто себя ограничивает: «Я не буду это использовать. Я не буду это исправлять». Конечно, в таком случае ему надо намного меньше делать и намного легче. Но он должен восполнять свои отказы – отсутствие работы в определенных условиях, с определенными желаниями – восполнять другим. Поэтому назир должен принести курбан – жертвоприношение. Он всё равно должен восполнить эту часть.

То есть я отказался от вина, и я должен принести жертвоприношение?

Да. Но это сложная система, это зависит от типа души. Например, Шимшон-назир (Самсон Назарей). Были такие известные люди, которые на этом уровне работали.

Со свининой – понятно, с некошерной пищей – понятно, но вино!?

Вино – это свет, очень высокий свет. Это свет хохма – свет мудрости. Ради Творца получить он его не сможет. И он просто не работает с ним.

То есть он понимает, что не выдержит…

Нет. Это – опять-таки определенные состояния, которые могут быть у каждого из нас.

А виноград почему?

Виноград в то время практически не использовали в качестве еды. Самое главное для человека в те времена, да и сегодня, – это запасы. На все часы суток и на все дни недели, может быть, и на годы вперед. Вино, так же, как и оливки, оливковое масло, мука – это всё продукты, которые можно долго хранить, и поэтому они представляют собой особую ценность. И именно так они использовались. Виноград использовался в качестве материала для приготовления вина, но не в качестве еды.

И назир предусматривает это. Сам виноград – из уровня «Хохма», это – очень высокий уровень.

Есть специальная церемония – пробовать вино. Есть правила, когда его пить, когда нет, есть благословения на вино. Вино является не просто полезным продуктом, как в наше время считается. В каббале – это Высший свет, свет мудрости, свет хохма.

Назир – это человек, который не может использовать его для постижения мудрости, а наоборот, в данном состоянии оно будет ему служить для опьянения. Так случилось с Самсоном – его заставили выпить, он не смог принять это ради духовного продвижения, опьянел, и произошла известная трагедия.

Это тот же анализ, который человек проводит в себе?

Да! Конечно! Не имеет никакого отношения к физическим свойствам. Ешь, пей на здоровье.

Вино уничтожает все бактерии, потому что это Высший свет, который призван вылечить и исправить, и наполнить абсолютно все наши желания. Неважно, насколько был грязным виноград, это не имеет значения. Бросают его вместе с листьями и с веточками, и с пылью.

Это всё перебраживает, уходит в осадок. И остается чистое вино.

Само по себе производство вина не требует никаких особых законов физической чистоты. Потому что при брожении вся грязь уничтожается.

Но это непростой процесс, и в каббале он рассматривается. Сорт винограда, диаметр виноградины относительно ее внешней поверхности. Мытый или немытый виноград, какого месяца созревания, с какой стороны горы относительно Иерусалима… Есть очень интересные вещи!

А почему виноград надо собирать до восхода солнца?

Да, каббалисты так делают. Потому что ночью, на рассвете, происходит «амтакат а-диним» (смягчение сурового суда), и грозная сила, которая есть в вине, «убаюкивается» именно в предрассветном состоянии. Виноград как бы и спит, и просыпается. Причем вся эта работа должна производиться только людьми, соблюдающими законы кашрута.

В нашем мире ничего не происходит без того, чтобы был корень этого в Высшем мире. В любом случае! Что бы ни делали люди, и неважно, какие народы – всё управляется единой силой. Люди выполняют свою работу неосознанно. Они ее выполняют, и таким образом мир движется вперед. Попробуем действовать сознательней.

ТРЕТИЙ ХРАМ – ПЛАЧ ВСЕЛЕНСКИЙ

Мы еще не закончили главу, и у нас еще есть, что выяснить до того, как мы доберемся до Эрец Исраэль. Эта глава говорит о том, как идет подготовка к движению в Эрец Исраэль.

Вход в пустыню. Как перейти пустыню? «Жизнь прожить – не поле перейти». Это пустыня внутренняя, внутри человека, – жуткое состояние, в котором ты должен сорганизоваться и достичь состояния, из которого ты вырастешь. Пустыня превращает тебя из раба своего эгоистического желания в господина над ним. И всё это – в пустыне, все эти 40 лет (40 лет – это условно), шаг за шагом, шаг за шагом ты проходишь возвышение над своим эго и обращение его в свойство отдачи.

Так что, пройти пустыню совсем не просто. Это, собственно вся наша проблема. И поэтому Тора не продолжается за пустыней. Тора заканчивается на входе в Эрец Исраэль (в землю Израиля). Больше не надо ничего. Ты получил, силу, с помощью которой дальше уже можешь правильно идти.

Возникает несколько вопросов. Почему все-таки не описывается, что будет происходить дальше? Почему в Торе не сказано, как дальше должны воевать, покорять землю Израиля, покорять семь народов, которые там живут.

Разведчики доложили, что там есть семь сильных народов, против которых воевать бесполезно – «мы не сможем с ними ничего сделать». Сегодня мы тоже находимся в окружении наших врагов – что мы можем сделать против них, насколько нас хватит, и вообще, чем это может закончиться? То есть всё это выглядит очень устрашающим и безнадежным.

Но дана методика – как вобрать в себя свет, который нас исправит. Далее не сказано, что делать. То есть если ты довел себя до состояния, когда входишь в землю Израиля, то после этого тебя как бы отпускают. Дальше ты точно идешь по правильному пути на завоевание этой земли, то есть на освоение своего эгоистического желания – настоящего!

Это была подготовка. Сейчас ты входишь в свое эгоистическое желание, в свое эгоистическое сердце, начинаешь его завоевывать, переваривать , перерабатывать его на свойство отдачи и любви.

Мы знаем из нашей истории, что мы построили Первый Храм, потом разбили его, построили Второй Храм и его разбили. А теперь мы должны после этих двух разбиений строить Третий Храм. Он уже должен быть следствием прошлых Храмов, но он строится не в одиночку, внутри народа Израиля, а всем миром. И поэтому он имеет такую мощь и вечность.

То, что говорится о построении Храмов – имеется в виду исправление всего эгоистического желания, созданного Творцом, – мирового (не только народа Израиля). Народом Израиля были построены Первый и Второй Храм. Третий Храм будет построен с участием всего мира. Пророк Йехезкиэль говорит, что народы мира возьмут народ Израиля на плечи и принесут его в Иерусалим, то есть таким образом заставят, приведут его к неизбежности построения Третьего Храма.

Третий Храм – это уже плач вселенский, это не плач еврейский?

Это то, что мы сегодня начинаем ощущать в мире. Все проблемы собираются вместе в такой запутанный клубок, во что-то невообразимое – но общее (вот что хорошо – общее!), – настолько, что невозможно дернуть ни за одну ниточку, иначе – все сразу упадет, как карточный домик.

Причем не важно, с какой стороны придет проблема, может что-то в Малайзии произойдет, и это аукнется во всем мире. А уж если в Америке – тем более. В Израиле, на Ближнем Востоке любая, даже маленькая проблемка откликается во всем мире. С каждым днем всё становится всё более и более взаимосвязанным – настолько, что мы уже понимаем, что задачу надо решать глобально, а к этому у нас нет никакой подготовки. Наша задача вывести человечество на такой уровень, чтобы оно осознало, что надо подготовиться к тому, чтобы не пропасть.

Возникают растущие «раковые опухоли» на теле человечества, такие, как Исламское государство, провозглашающее в открытую самые страшные вещи. Такого не было даже в Германии в свое время. Она прикрывала свои преступления.

И даже в средневековье люди не кичились жестокостью, не выставляли напоказ. Хотя и пугали определенные группы людей.

А сейчас любой человек, который попадет в руки ИГИЛ, в принципе, обречен.

ГЛАВА «ИСЧИСЛИ»

БОРОДА ДОЛЖНА РАСТИ СВОБОДНО

Вернемся к нашей главе. Мы говорили о последнем очищении перед тем, как двинуться в Эрец Исраэль. После этого уже нет инструкции.

Да. Дальше – как душа ведет человека. То есть он должен сформировать свою душу до входа в Эрец Исраэль.

Мы коснулись, того, что если человек примет обет не пить вино, не есть виноград…

То он должен возместить свой отказ. Если он не пьет вино, не ест винограда, не стрижет волосы – надо понять, что это означает в духовном? Ведь в материальном это ничего не значит.

А в духовном это означает, что он не употребляет свет хохма, то есть использует свои эгоистические желания не для полного исправления, а только для частичного. Чем же он замещает это? Какими своими действиями? Как он исправляет себя, если он – назир – не работает с получающими желаниями, а только с отдающими?

Указано, что есть определенные запреты в его поведении, которые как бы возмещают это. Но все равно это не полное исправление.

Написано так.

/5/ ВО ВСЕ ДНИ ОБЕТА ЕГО БРИТВА ДА НЕ КОСНЕТСЯ ГОЛОВЫ ЕГО, ДО ИСПОЛНЕНИЯ ДНЕЙ, НА КОТОРЫЕ ОН ПОСВЯТИЛ СЕБЯ БОГУ, БЫТЬ ЕМУ СВЯТЫМ, ДОЛЖНЫ РАСТИ СВОБОДНО ВОЛОСЫ НА ГОЛОВЕ ЕГО.[87]

---

87   Тора, «Числа», «Насо», 6:05.

И почему нельзя стричь волосы?

Волосы на иврите *«сэарот»*, от слова «соэр»: переживающий внутри себя, ощущающий свои неисправности. Исправлением волос называется то, что мы их состригаем. В духовном мире при исправлении волос они уменьшаются. Когда человек обретает мудрость, его волосы пропадают.

И есть особые волосы, которые ниспадают с головы, они называются «пеот» (пейсы). Так же, как мы не имеем права собирать урожай с краев поля, так мы не имеем права состригать волосы с краев головы. И существуют определенные законы – как человек может использовать эти свои особые желания. А эти волосы растут от недопонимания, от несогласия, от отсутствия постижения Замысла творения. И они ниспадают вниз с головы до бакенбард, до края бороды, разветвляясь на две части, образуя посередине свободную от волос зону (урха).

Борода должна расти свободно, верхняя часть ее растет до груди, а нижняя внутренняя часть бороды растет до пупа, пуповины.

Все это говорит нам об исправлении человека (мужчины), который получает свет хохма. О том, у кого есть силы, чтобы преодолеть с помощью экрана свой эгоизм и заставить его работать на отдачу.

То есть волосы в этом смысле представляют собой исправленное состояние.

Это как стекающий свет, касающийся тела? Но при этом мы говорим не о человеке?

Да, но мы показываем на человеке, потому что иначе очень трудно объяснить. РАБАШ показывал нам, где это находится, прямо на себе. Хотя это никоим образом не связано ни с нашим внешним видом, ни с чем. Это чувство, это свойство.

Мы их показываем, чтобы было конкретно – как мы рисуем графики всевозможных состояний, внутренних, чувственных состояний. Мы их выражаем в виде формул, графиков. Потому что всё это совокупность каких-то векторов сил.

Сегодня в нашем мире длинные, свободно растущие бороды не приняты

Во-первых, здесь говорится о людях, которые живут по иным законам. Я помню, был на Кармеле, там жил один назир, он очень красиво выглядел. А когда я был молодой, то небритый человек вызывал отторжение. Но 100 лет назад – все были с бородами. Презрительно говорили «выбрит как лакей». Только лакеи были выбритыми. Каждый период со своими установками.

ЧТО ТАКОЕ СОВЕРШЕННЫЙ ЧЕЛОВЕК?

Читаем дальше.

/22/ И ГОВОРИЛ БОГ, ОБРАЩАЯСЬ К МОШЕ, ТАК: /23/ «ГОВОРИ ААРОНУ И СЫНОВЬЯМ ЕГО ТАК: ТАК БЛАГОСЛОВЛЯЙТЕ СЫНОВ ИЗРАИЛЯ, ГОВОРЯ ИМ:

/24/ ДА БЛАГОСЛОВИТ ТЕБЯ БОГ И ОХРАНИТ ТЕБЯ![88]

Поясните, что такое – благословение?

---

88 Тора, «Числа», «Насо», 6:22-6:24.

«Йеварехеха Ашем, ве-йишмереха, яер Ашем панав элеха вихунека…» – это то, что говорят коэны в субботу и в праздники. Есть особое еще благословение коэнов, которое произносится в Иерусалиме у Стены Плача.

Это всё благословения, потому что коэн – высшее свойство человека, и если оно входит в такую связь с Творцом, которая благословляет Творца, если она связана с Творцом (эта связь коэна – высшего свойства во мне), то она уже благотворно действует на все мои другие свойства, желания. Это благословение исправляет всё внутреннее строение человека. Все его желания, намерения.

/24/ ДА БЛАГОСЛОВИТ ТЕБЯ БОГ И ОХРАНИТ ТЕБЯ![89]

Что значит – охранит тебя? От чего?

А что делает Высший свет? Охраняет от нашего же эгоизма – поднимет, покажет, расскажет, укрепит, направит – это все Творец. ***Все*** в руках исправляющего света.

Дальше:

/25/ ДА БУДЕТ БЛАГОСКЛОНЕН К ТЕБЕ БОГ И ПОМИЛУЕТ ТЕБЯ![90]

В чем помилует?

Избавит тебя от этого огромного эгоизма, который тебя за ноги держит, не дает подняться.

Всё в одном, а ничего другого нет!

Продолжаем:

---

89 Тора, «Числа», «Насо», 6:24.
90 Тора, «Числа», «Насо», 6:25.

ГЛАВА «ИСЧИСЛИ»

/26/ ДА ОБРАТИТ БОГ ЛИЦО СВОЕ К ТЕБЕ И ДАСТ ТЕБЕ МИР![91]

Свет, который исходит из Высшего, называется Его лицом – лицом Высшей ступени. Высшая ступень называется Творец, относительно низшей – творения. Всегда высшая и низшая ступени так называются. И поэтому обращение высшей ступени – «Да обратит Бог лицо свое к тебе» – излучение света хохма, исправляющего, сильного света, который нисходит на низшего, и «Даст тебе мир», – что означает – исправляет низшего.

И что значит «даст мир тебе»?

Мир – шалом, шлемут – полнота, совершенство.
Тебя не будут бить, и ты не будешь ни с кем драться.

Что такое совершенный человек? Что такое совершенство?

Совершенный человек – человек, подобный Творцу. Когда все его желания, те, которые в нем раскрылись в данный момент (кто знает, что будет на следующем этапе), но в данный момент он полностью по закону подобия слит с Творцом.

И дальше заканчивается:

/27/ ТАК ПУСТЬ ПРОИЗНОСЯТ ИМЯ МОЕ НАД СЫНАМИ ИЗРАИЛЯ, И Я БЛАГОСЛОВЛЮ ИХ.[92]

Произнесение имени – что это значит?

Произнесение имени – значит раскрытие сути Творца, Его четырехбуквенного имени, которое отпечатывается,

---

91 Тора, «Числа», «Насо», 6:26.
92 Тора, «Числа», «Насо», 6:27.

как печать на воске или на какой-то основе. Так Творец отпечатывает свои свойства в человеке в обратном виде.

В обратном виде?

Да. А человек должен из этого обратного вида стремиться сделать свое подобие Творцу.

Это и есть взаимодействие между хозяином и гостем, когда гость должен отпечатывать в себе желания хозяина. То есть я должен принять всё угощение, которое он мне дает, чтобы оно отпечаталось во мне, и оно выбивает во мне имя, отношение хозяина. Оно входит в меня – его отношение, его свойство – я получаю его и этим связываюсь с ним. Получается, как единение мужской и женской. Вот это как печать входит в какую-то мягкую основу и пробивает свой отпечаток.

Получается, что Творец – мужчина, а мы – женщина.

Да, мы – желание получить. Естественно, что мы женская часть.

Вы спокойно называете четырехбуквенное имя Творца, а, говорят, это запрещено.

А как его назвать?

Ну, вот юд-кей-вав-кей…

Юд-кей-вав-кей – это буквы.

А все время говорят, что нельзя называть имя Творца. Почему?

Вообще никакие имена Творца назвать нельзя. Назвать – это значит раскрыть. Раскрыть может только человек и внутри себя. Раскрыть другому он не в состоянии. В каббале слово «нельзя» означает «невозможно». Вот это надо запомнить! Нельзя, значит невозможно, то есть ты не можешь произнести имя Творца, ты не можешь Его выявить настолько, что ты Его произносишь наружу.

Ты можешь только Его принять в себя, абсорбировать. Принять такую форму, когда Он полностью отпечатается в тебе во всем твоем материале, во всем твоем желании, будет отпечаток от Его воздействия. Вот это значит, что ты идешь относительно этого четырехбуквенного имени в обратную сторону. То есть юд-кей-вав-кей сверху вниз, а ты идешь относительно этого юд-кей-вав-кей снизу верх. Это десять сфирот прямого света с десятью сфиротами обратного света, и вот они вместе соединяются в одно единое целое. Это состояние и называется целью творения. Всё.

Так что произноси, не произноси – ты ничего не произнесешь. Произнести – это значит раскрыть. Нельзя – значит невозможно.

Пока не постигнешь, нечего произносить?

Да. Даже такие слова как «Эль» – нельзя произносить, – «Кель» говорят. Просто чтобы подчеркнуть уважение. Ты не зовешь: «Коля!» – Ты говоришь: «Папа». Почему? Это знак уважения: ты обращаешься к человеку, который для тебя особенный, ты этим выделяешь его из всех миллиардов людей. То же самое и здесь.

КОГДА КОЭН ПРОСТИРАЕТ РУКИ

Написано так:

В час, когда коэн простирает руки для благословения народа, является Шхина и воцаряется над ним, наполняя силой руки его, и возвышает правую руку над левой рукой для того, чтобы поднять правую и укрепить ее над левой. И тогда все ступени, над которыми простирает коэн руки свои, все они наполняются благословениями от источника всего. «Источник колодца» – это праведник, т.е. Есод. «Источник всего» – это будущий мир, т.е. Бина, из которого светят все лики (паним), все мохин, ибо это исток и источник всего, и все свечи и света зажигаются от него.[93]

Это надо видеть – благословение коэнов, как они делаются. Обычно в любую субботу утром можно пойти в синагогу и увидеть там, как это происходит. Ничего в этом особенного нет, но, конечно, интересное действие, когда коэны читают. Они накрываются своим покрывалом, называемым «талит», и держат определенным образом руки (юд-кей-вав-кей), и произносят текст, который мы читали: «Да благословит тебя Творец…».

При этом на них смотреть нельзя. Почему? Потому что коэны олицетворяют собой Высший свет. Значит, на Высший свет просто так смотреть нельзя, надо через сокращение, экран, обратный свет, получать его только с подготовкой ради отдачи. Поэтому все присутствующие не смотрят на них. Это пример из нашего мира. Ничего в нем нет, кроме намека на такое состояние в духовном мире, внутри человека, когда человек получает Высший свет.

---

93 Книга Зоар, Книга «Шмот», Пкудей, 80-81.

Написано: «...когда коэн простирает руки для благословения народа, является Шхина и воцаряется над ним,».

Это состояние, когда приходит Высший свет, проходит через все девять сфирот до Малхут. Все остальные находятся в Малхут, а девять первых сфирот влияют на Малхут. Проходят все эти состояния: юд-кей-вав-кей (вот это имя Творца) – и таким образом отпечатываются в Малхут. А Малхут уже от себя производит ор хозэр (обратный свет, отраженный свет). Как она это делает? В конце благословения говорят «амэн». «Амэн» – это значит правда, истина. Это слово употребляется всеми, но я не знаю, понимает ли кто-то, что оно значит. Амэн – это истина, правда.

То есть когда Малхут говорит «амэн» – это значит, что она принимает всё, что нисходит на нее Свыше, и становится получающей от этих девяти первых сфирот.

То есть «амэн» – это отраженный свет?

Да. Когда она готова принять в себя все девять первых сфирот, она становится Нуквой, женской частью под этими девятью сфиротами, и это и олицетворяет собой весь народ.

ВСТРЕЧИ У КОЛОДЦА

Небольшой отрывок из Книги Зоар:

«В час, когда коэн внизу встает и простирает руки, все святые сфирот наверху пробуждаются и исправляются для благословения, и светят, получая из глубин колодца, Бины, наполняющей их всегда. И не

прекращались благословения, исходящие и становящиеся истоками, наполняющими все миры, которые благословляются и орошаются всеми ими.[94]
Зоар – это что-то особое! Это просто наслаждение.

Роман. Да, сидели и писали 2000 лет назад где-то в пещере. Что им было делать?!

Сидели поэты. Удивительно!

Мы, конечно, не понимаем их вообще. О чем они говорят? О том, что исходит благословение свыше, от коэна, от высшей части духовного строения, называемого «парцуф»…

Написано «В час, когда коэн внизу встает и простирает руки, все святые сфирот наверху пробуждаются».

Он приносит это благословение сверху вниз до Малхут – поэтому «когда внизу это происходит» – тогда все пробуждаются снизу, все свойства Малхут поднимаются снизу вверх в этом возбуждении, в отдаче и любви, и все восходит наверх, во все Высшие миры.

То есть этим замыкается весь круг.

И поэтому говорится: «…пробуждаются и исправляются для благословения, и светят, получая из глубин колодца, Бины, наполняющей их всегда»?

Да. Колодец – от Бины до Малхут. Эти сфирот называются «колодец». И насколько Малхут связана с Биной, настолько этот колодец живуч и даже фонтанирует.

---

94 Книга Зоар, Книга «Бемидбар», «Насо», 153.

А если Малхут не связана с Биной, то это просто яма, не наполненная водой?

Да. Но если это колодец, наполненный водой, то необходимо выполнить какое-то условие, чтобы его вскрыть: на колодце находится камень, который надо снять, и тогда можно будет набирать из него воду.

И всегда все праотцы подходили, отваливали камень, наливали воду своим будущим женам.

И так далее…

Да, у них всегда была проблема с колодцами. Если женщина подходящая, значит, она принимает воду из колодца. Или она приводит его туда, или он ее встречает у колодца – в общем, все происходит вокруг колодца.

Потому что вода – это связь между Малхут и Биной, и таким образом происходит взаимодействие между ними – только с помощью высших вод и низших вод.

БЕЗ СТРАДАНИЙ НИЧЕГО НЕ ДОСТИЧЬ

Возвращаемся к нашей главе.

/1/ И БЫЛО В ТОТ ДЕНЬ, КОГДА ОКОНЧИЛ МОШЕ ВОЗВОДИТЬ ШАТЕР ОТКРОВЕНИЯ, И ПОМАЗАЛ ЕГО, И ОСВЯТИЛ ЕГО, И ВСЕ ПРИНАДЛЕЖНОСТИ ЕГО, И ЖЕРТВЕННИК, И ВСЕ ПРИНАДЛЕЖНОСТИ ЕГО; И ПОМАЗАЛ ИХ, И ОСВЯТИЛ ИХ…

/2/ И ПОДОШЛИ ВОЖДИ ИЗРАИЛЯ, ГЛАВЫ ОТЧИХ ДОМОВ ИХ, ОНИ ЖЕ ВОЖДИ КОЛЕН, ПОСТАВЛЕННЫЕ

НАД ИСЧИСЛЕННЫМИ, /3/ И ПРИНЕСЛИ ЖЕРТВУ СВОЮ БОГУ...[95]

И дальше перечисляются все – кто, когда и что принес. В первый день принес жертву свою Нахшон, сын Аминадава, во второй день принес жертву Натанэль, в третий день вождь сынов Звулона. И так все 12 колен. Перечисляется всё очень точно, каждое слово, каждое имя.

В конце написано:
/89/ И КОГДА ВХОДИЛ МОШЕ В ШАТЕР ОТКРОВЕНИЯ, ЧТОБЫ ГОВОРИТЬ С НИМ, СЛЫШАЛ ОН ГОЛОС, БЕСЕДУЮЩИЙ С НИМ С КРЫШКИ, КОТОРАЯ НА КОВЧЕГЕ СВИДЕТЕЛЬСТВА, ИЗ пространства МЕЖДУ ДВУМЯ КРУВАМИ, И ГОВОРИЛ Бог ЕМУ. [96]

На этом заканчивается глава.

А что еще дальше продолжать, если дошел до того состояния, когда ты, – вернее, точка в тебе, которая называется Моше, – входит в контакт с Творцом?

Голос – это раскрытие. Где? Этот голос раскрывается между двумя крувим. Крувим – это свойства человека, правая и левая линия, которые работают вместе, сближаются – свойство суда и свойство милосердия. Когда они сближаются между собой, человек соединяет в себе правую и левую линию: свойство отдачи и свойство получения, свойство эгоизма и свойство альтруизма, – когда они работают сообща на одну и ту же цель, и эгоизм подминает себя сам под свойство отдачи и любви. То есть благодаря жесткости, благодаря страданиям, благодаря всему тому, что прошел человек, он сейчас только может

95　Тора, Числа, Насо, 7:01-7:03.
96　Тора, «Числа», «Насо», 7:89.

оценить по-настоящему эту связь, любовь, взаимодействие, взаимность, которая у него возникает с Творцом.

А иначе без предыдущих страданий и без всего того, что он прошел, это просто невозможно. Если ты маленькому ребенку, который ничего еще не понимает, говоришь: «Ну, поцелуй меня»…

И все умиляются.

Да. Но понятно, что тут не может быть никакого чувства.

Чувства возникают, только если ничего не забывается из прошлого – ничего! И вот что в каббале интересно: наоборот, всё проявляется ярко, в той мере, в которой прошлое возникает в тебе, ты можешь предположить, а что же тебя ожидает сейчас, в ближайшем будущем.

Потому что они должны быть уравновешены и связаны вместе в одном ощущении Творца.

А Он возникает между двумя крувим – между двумя линиями – правой и левой – противоположными, эгоизмом и альтруизмом. между ними возникает, рождается голос, глас Божий, то есть Его раскрытие.

И только Моше, только эта точка в нас, она слышит, она находится в контакте с Творцом. Уши – что это такое?

Бина.

Свойство бины. То есть постижение уровня Хохма (видение) происходит через бину – через свойство отдачи. Свойство получения, свойство отдачи, когда человек может подняться со свойства бины в свойство хохма. И тогда происходит раскрытие Творца, и только в таком виде происходит контакт с Ним.

Но это всё более внешние свойства, которые человек должен в себе исправить. И он постепенно-постепенно выявляет в себе точку Моше, который еще больше углубляется в свои внутренние свойства (как бы там Шатер, как бы там Арон Кодеш).

Внутри человека?

Да. В нем находится книга Торы, а над ним крышка, на крышке две крувим – изображения каких-то птиц, – и между ними слышится, проявляется голос Творца.

Это всё – знаки наших внутренних исправлений, которые мы должны постепенно произвести и прийти к состоянию, когда мы контактируем с Творцом, и проявляется нам Его раскрытие в виде понимания, осознания, постижения, и дальнейшее – уже сближение.

ИНТЕРЕСНЫЙ ПЕРСОНАЖ

Глава закончилась, давайте подведем итоги.

Это не конец книги. В следующей главе будет больше движения. А сейчас, как Вы сказали, все исправление проходит в пустыне. И несмотря на то, что в этих главах даются законы, вдруг оказалось, что они полны внутреннего напряжения!

Конечно. Но дальше будет больше напряжения.

Сейчас мы еще немного вспомним обо всех трех книгах до пустыни. Первая книга была Берешит…

Берешит – это зачаток всего последующего развития. Самая главная цель книги в том, чтобы дать человеку законы исправления своей эгоистической природы, чтобы он поднялся до уровня Творца, вошел в такое же состояние как Творец: вечность, бесконечность, совершенство. Об этом, в принципе, можно было сказать в самом начале: для чего это все делается. Но этого не говорится.

Но это подразумевается.

Где подразумевается? Я когда начинаю читать Тору, я смотрю, что речь идет о таком интересном персонаже, как Творец, который захотел что-то сотворить. И в течение шести дней – Он что-то делал, в седьмой день – отдыхал, и что из Его работы получилось. После шести дней человек, которого Он создал, согрешил. И дальше вся книжка о том, как исправить этот грех, который сделал человек, которого таким создал Творец.

Рассказывается о рождение всех праотцов, Авраам, Ицхак, Яаков. Закладывается этот путь исправления?

Да, верно. Первая книга – это основа, это начало, база исправления.

Вообще вся Тора говорит об исправлении. Тора – это свет, нисходящий свыше на каждого из нас, исправляющий его личный эгоизм, делающий его связанным через альтруистические исправленные состояния со всеми другими, пока мы не обратимся в одно общее, неразрывно связанное целое. Это, то, что делает Тора.

Первая книга дает нам основу. Во-первых, она рассказывает о том, что Творец ничего не сделал, кроме зла. Да, он создал эгоизм. Он так и говорит: «Я создал зло и дал Тору для его исправления». Когда Он дал? После многих-многих глав. Только лишь после Египта, после выхода из Египта, у горы Синай.

Почему?

Потому что эгоизм должен проявиться внутри человека, внутри человечества вообще. Этот эгоизм должен показать себя как вредное явление в человеке, как сила, которая разрушает его, его жизнь и, самое главное, отделяет его от Творца, от совершенства. Человек должен понять, что же такое Высшая сила, что такое совершенное состояние, чтобы человек сам понял, что оно совершенное, а не то, что ему говорят, когда его совсем к этому не тянет, у него совсем другие определения.

И мы доходим до такого состояния, когда начинаем осознавать, что совершенство – это свойство отдачи и любви, и поэтому «возлюби ближнего как самого себя» становится нашей целью. А мы ощущаем себя в противоположном от этого состоянии, то есть во взаимной ненависти, в отторжении, в отдалении.

Осознание нашего состояния, настоящего состояния нашей природы, – это и называется прохождением Египта.

В течение двух книг Торы мы практически проявляем это состояние?

Да. И когда мы приходим к горе Синай, то мы точно знаем, кто мы, что мы, и с другой стороны уже немножко знаем, чего мы хотим. В каждом из нас уже есть точка, называемая «Моше», который говорит, что мы хотим выбраться из нашего «фараона». Но мы из него лишь выскочили немножко, а на самом деле, он внутри нас.

Нам казалось раньше, когда мы были в Египте, что он властвовал над нами снаружи, а сейчас мы начинаем понимать, что он находится внутри нас, что мы настолько соединились с ним, что надо его из себя вытравлять, исправлять. Нет свойства добра, свойства любви, кроме как в качестве исправленного эгоистического свойства: дается материал в неисправном состоянии, ты из него должен сделать исправное. Только лишь! Другого материала нет.

Творец является свойством отдачи. У тебя свойство отдачи может быть, если ты свой эгоизм исправишь на это свойство отдачи, перевернешь его.

То есть Египет был пройден именно для того, чтобы ощутить, что я хочу из него вырваться?!

Чтобы ощутить – кто я такой, что я – фараон, и я очень хочу от него избавиться. Когда я чуть-чуть приподнимаюсь над свойством Египта во мне и хочу от него избавиться, вот тогда я считаюсь как бы вышедшим из Египта. Но это еще не в материале.

То есть фараон из внешнего «персонажа» перебирается в меня?

Фараон находится в нас. В этом-то проблема!

По выходу из Египта, нам кажется, что мы от него удрали, а он спокойно внутри нас управляет нами. И поэтому нам необходимо 40 лет пустыни, для того, чтобы потихоньку, пошагово исправить в нас это свойство, сделать эгоизм хотя бы нейтральным, соединить его с биной, привести себя в «маленькое состояние», не использовать эгоизм совершенно, не желать его использовать ни под какими соблазнами! Это то, чего мы достигаем, когда мы проходим пустыню.

СМОТРЕТЬ НА ТВОРЦА И ДЕЛАТЬ КАК ОН

Именно для этого мы входим в пустыню, и поэтому сказано, что должно умереть поколение пустыни?

Да. Поколение, в котором эгоизм находится внутри, должно всё умереть, и вместо него должно родиться новое, в котором эгоизм исправлен, связан со свойством отдачи, но в нейтральном виде. Еще не переделываем эгоизм на отдачу, но он уже находится под властью намерения отдачи.

Я заканчиваю пустыню, заканчиваю пять книг Торы тем, что я полностью исправляю свой эгоизм от эгоизма, но еще не исправляю его на альтруизм.

Отдавать для того, чтобы отдавать. А вход в Эрец Исраэль – это я уже начинаю…

Ты уже начинаешь перерабатывать это же желание, которое ты сделал неправильным. Ты обращаешься к этому желанию, ты входишь в него для того, чтобы его завоевать, для того чтобы его переделать.

И там остаются семь народов, которые ты должен покорить, изгнать из себя, – эти семь народов живут в земле Израиля (Эрец – рацон, Исраэль – прямо к Творцу – яшар Кель), а мы считаемся как бы захватчиками.

Мы их должны выгнать из этой земли. То есть мы должны отнестись к нашему желанию, проверить его. Эти семь желаний – это и есть семь последних сфирот в Малхут, мы должны их все нейтрализовать, мы должны перестать их использовать, выбросить за пределы земли Израиля. Это называется «ее исправление», и мы должны отвоевать эту землю у них и кроме того, заселить ее.

Начать очищать ее?

Да. Начать исправлять ее буднями, субботой, последовательным возвышением: шесть лет, седьмой год – и так далее.

Праздниками, Храмами.

Это все методы исправления нашего желания, которое называется «Эрец Исраэль». То первоначальное эгоистическое желание, которое создал Творец так, что этот змей вошел в нас, мы осознавали долгое время, пока не начали относиться к нему как к находящемуся внутри нас постороннему объекту.

И когда начали его ненавидеть, как внешнюю силу, которая порабощает нас, заставляет нас, отталкивает нас от Творца, как «фараон». Когда мы приподнялись над ним, тогда мы убежали от него. Это всё произошло с помощью Высшей силы. У нас уже не было никаких сил. Когда мы приняли Тору, мы начали исправлять эгоизм, приподнимаясь над ним. Мы не его исправляли, а себя как бы вытаскивали полностью из него. А вход в Эрец Исраэль – когда мы его уже исправляем на свойство отдачи. То есть фараон становится таким приятным фараончиком, он уже у нас становится самым большим святым.

Вот это непонятно!

Потому что это самый огромный эгоизм, который есть в нас, и когда он исправляется, он становится себе противоположным.

То есть он переворачивается?

Малах а-мавет, как сказано, – ангел смерти – становится ангелом жизни.

А как мне рассматривать мой эгоизм – как часть меня или не как часть меня? Как мне с ним работать?

Нет, лучше не как часть тебя. Это как бы посторонняя сила.

Она не касается меня?

Да. И тогда ты будешь чувствовать злорадство, когда ты его будешь пинать.

И постепенно будешь просить силы, которые помогут тебе отделить его от себя.

Я смогу благодарить за то, что он получает удары? И я смогу дойти до такого состояния?

Поначалу это больно, а потом приятно.

А что в таком случае, смерть?

Это смерть эгоизма! Если достигается смерть эгоизма, то тут же человек начинает ощущать вечный мир.

То есть при жизни я, по вашим словам, должен достигнуть этого отрыва между мной и эгоизмом во мне?

При жизни мы можем достичь и большего. Мы при жизни можем достичь абсолютно всех ступеней исправления!

На том, что мы отрезаем себя от эгоизма, и он куда-то проваливается, на этом мы ничего не заканчиваем. Мы даже не можем его от себя отрезать. А с чем я пойду дальше?! Этот эгоизм я всё время перерабатываю в свойство отдачи (бины), а потом и свойство кетэр – получения ради отдачи. Так что, мой эгоизм нельзя ни в коем случае подавлять. Ты должен смотреть на него, как на постороннее, но как на свое. Ты должен всё время держать его, как собаку в будке.

И еще вопрос. Вы сказали, инструкция заканчивается на вхождении в землю Израиля. Что ведет дальше?
Так и сказано – «душа человека ведет его дальше».

Это можно пояснить?
Имеется в виду, что человек уже сформировался, что он родился в духовном мире (это называется «выход из Египта»), затем он прошел 40 лет пустыни, он достиг состояния, когда он может работать со светом хохма. Он достиг полного свойства бины, и сейчас он может работать со светом хохма, то есть он может входить с Творцом в прямой контакт, брать от Творца примеры и в себе эти примеры воспроизводить. Это и называется «работа в Эрец Исраэль», когда желание, которое у него есть, – пока еще всего лишь куча глины, – но он входит в контакт с Творцом, и по Его подобию лепит себя. Привлекаются всё большие и большие внешние силы, дополнительные силы, более грубые силы, и из них лепится весь образ Творца, то есть свойства отдачи и любви во всем бесконечном многообразии, вне всяких ограничений.

После этого вся работа – смотреть на Творца и делать как Он.

ГРЕКИ, ЕВРЕИ, ИДОЛЫ

Мы поговорим сегодня о Хануке. Сначала небольшая историческая справка, чтобы понять истоки этого праздника.
170-й год до нашей эры, Антиох IV Эпифан захватил Храм. Евреи разделились на тех, которые принимали

греческую философию и религию, и тех, которые не принимали и строго следовали еврейскому закону, веря в единого Творца.

Да. Разделение было очень жестким.

Антиох, опираясь на прогречески настроенную часть евреев, перешел к насильственной эллинизации жителей. Он превратил Иерусалимский храм в святилище Зевса.

В 167-м году до н.э. началось восстание Маккавеев, которое возглавил Маттитьягу Хашмонай. Согласно преданию, он сказал: «Кто за Бога – за мной!» И те, кто были за единого Бога, пошли за ним. Хотя греческая армия была намного сильнее и многочисленнее, Маккавеи сумели справиться с греками и овладели Храмом. Они обнаружили, что чистого масла для светильника (знаменитой золотой Меноры) хватит только на один день. Но они все-таки решились зажечь это масло, и оно горело 8 дней, которых хватило для приготовления нового чистого масла. Это и называется чудом Хануки. Несмотря на то, что восстание длилось еще 20 лет, празднуется именно это чудо Хануки – не само восстание.

Потому что этим чудом было все решено.

Отсюда возникла традиция зажигания свечей. Иосиф Флавий назвал Хануку «праздником огня». Это история войны греков с евреями, и предыстория праздника Ханука. Теперь расскажите об этом празднике с точки зрения каббалы: с точки зрения духовной, что он олицетворяет?

История не ограничивается этой войной. Она начинается с Авраама как основателя еврейского народа.

То есть история Хануки начинается с Авраама?

Да, поскольку он раньше Маккавеев обратился с призывом «кто за Творца – ко мне!» Под этим девизом он собрал вокруг себя большую группу – тысячи человек! – из Вавилона, которые объединились вокруг него, и которых он обучал своему подходу ко всему мирозданию, к цели жизни, цели творения, к высшему предназначению человека.

Действительно, тогда люди молились идолам, и вдруг Авраам сказал: «Есть единый Бог».

Поэтому начинать необходимо с тех времен, то, что начал Авраам, продолжили Маккавеи. Авраам разрушил статуи, созданные его отцом, таким образом, разорвав все прежние связи. Он поднял чуть ли не бунт в Вавилоне против Нимрода – царя вавилонского.

Но самое главное – он начал объединять тех, кто примкнул к нему, под девизом единения во имя единения. Потому что именно в объединении мы раскрываем Высшую силу природы – называйте ее Творцом или как угодно, – но эта Высшая сила природы нас сплачивает, делает из нас единое целое, и мы становимся непобедимы и для нашего эгоизма внутреннего, и для эгоизма внешнего. И во времена Авраама, и во времена Маккавеев происходило то же самое.

Иначе и делать ничего нельзя! В принципе, это всё – одно и то же действие, только на разных уровнях и поэтому в разные моменты истории.

Так или иначе, это восстание против эгоизма?

Да, восстание против эгоизма, в истории с Маккавеями называемое греческим.

Маккавеи объединили народ, пришли к тому же состоянию, к которому вел Авраам, и поэтому – победили. По мере объединения со всё бо́льшими и бо́льшими группами людей, которые присоединялись к ним, они выявляли всё бо́льшую и бо́льшую духовную силу – силу единения, Высшую силу отдачи и любви. И конечно, они были непобедимы и смогли в итоге победить греков. В данном случае, это были греки, в другом – вавилоняне, в Египте – это был фараон и египтяне.

Потом будут римляне…

В принципе, это одна единственная борьба – война во всех поколениях.

И даже когда нет явного внешнего противника, все равно у нас всегда есть наш внутренний противник, который тянет нас снова и снова в сторону поклонения идолам нашего мира, нашей жизни, и мы обязаны с ним воевать.

ВЫЗЫВАЕМ ЧУДО

Хотелось бы провести какие-то параллели с сегодняшним днем.

Параллель очень простая, потому что идол сегодня себя уже полностью разоблачил как совершенное ничтожество, как приводящий нас к концу. Нам нечего больше с ним делать: с одной стороны, мы еще тянемся нему, а с другой стороны, мы понимаем, что все это временно, что все это пагубно, что все это не дает никаких хороших результатов. Мы еще обращаемся к идолу, чтоб забыться, чтобы ничего не знать, не слышать, отключиться…

А утром – похмелье.
Мы уходим в суету этого мира, чтобы чувствовать себя занятыми, играть какую-то роль, подражать якобы преуспевающим людям, образы которых мелькают на экранах, в книгах – вот чем мы занимаемся, так нас притягивает этот идол.

Это и называется «поклонение идолам» в наше время?
Да, якобы следуем прежним «идеалам», но сегодня это понятие уже в кавычках.

Вы считаете, что желания этого мира исчерпали себя?
Нет еще, но я знаю, что время этих желаний очень ограниченно. Видно уже, что это игра, театр. Есть и такие люди, которые никуда не стремятся: главное, тихо, спокойно жить, чтобы их никто не трогал, – но таких мало. Большинство затягивает конкуренция, дух соревнования, человек суетится, изображает деловую активность, с портфелем в руках бежит на самолет… И куда в итоге вся эта активность приводит? К гробовой доске, – а что там?

Существует очень четкая параллель, означает ли это, что и сейчас, в какой-то момент должно произойти чудо Хануки?
Да. Чудо происходит всегда. Всегда! Каждый раз, когда мы сплачиваемся, проявляется эта Высшая сила, и она – выше всех остальных сил, препятствий, условий. Тут-то мы и видим чудо, и сегодня мы можем его сотворить.

Чудо – это сверхъестественное явление. Но мы его в состоянии вызвать сами тогда, когда пожелаем. Если мы пожелаем сегодня приподняться над нашим эгоизмом в объединении, то вдруг в нас проявится совершенно новая сила – высшая. Мы с ее помощью можем весь мир успокоить, все расставить по местам, и всем будет хорошо и просто.

Так какое же всё-таки чудо произошло при зажигании того светильника?

Благодаря своему единству евреи овладели Храмом. Своим объединением они вызвали свет, который дал возможность держаться в состоянии отдачи, в состоянии любви, в состоянии связи между собой, до тех пор, пока не начали подтягивать к себе помощь – новые и новые массы народа.

Какая разница в количестве масла на один и на восемь дней? Горят, на самом деле, желания людей – желания сблизиться, соединиться. Эти желания людей, собирающихся вместе, в единое целое, – они и образуют это масло. А собрание их вопреки своему эгоизму образует фитиль.

Когда они таким образом объединяются, свыше приходит свет. Или можно сказать более точно – изнутри, в них возникает свет. И тогда горит светильник.

Если при этом они начинают заниматься еще большим и большим распространением, притягивать к себе всё большие и большие массы народа, то тогда и возникает возможность, чтобы этот светильник горел беспрерывно.

Появление света, высшей силы, проявление Творца в их объединении – это и есть чудо. И это единственное чудо.

Есть множество проявлений чуда: чудо прохождения через Конечное море или чудо Хануки, или чудо Пурима, но по сути всегда происходит одно: «в объединении – проявление Творца», техника одна, и ничего в ней нет сложного. Она идет к нам от Авраама, который первый раз показал, каким образом ее реализовать.

Вы рассматриваете это только с духовной точки зрения? А что с материальной стороны – ведь это в принципе, чудо: 8 дней горения, хотя масла было только на день? Ученые ищут доказательства, как это могло случиться. Как и выход из Египта. Археологи тоже ищут. Всё-таки выходили три миллиона человек, а следов практически не находят – ни обуви, ни горшков, ни украшений. И через Синай они шли.

40 лет. А можно пройти за неделю.

А можно пройти за неделю. Но особых следов не найдено, и наукой не доказано…

Ничего не доказано – со времен Храма практически нет артефактов! Я думаю, что археологи находят тогда, когда надо. Так что, когда надо будет, на том же самом месте, где они ничего не могли найти, они найдут. И мы еще это увидим.

Но главное – суть этих событий – то единственное действие, которое всегда происходит: объединение людей приводит к проявлению внутренней силы. Мы называем ее свойством любви, называем ее Творцом. Это и есть чудо: объединиться так, чтобы в нас возникло это новое Высшее свойство. Оно не проявляется в нашем мире ни в чем, – оно проявляется вдруг в объединяющихся и поднимает нас на следующий уровень осознания, ощущения, видения, существования. Вот это и есть чудо.

Что все-таки с чудом восьми дней? Ведь было известно, что масла хватит только на один день.

В этом нет никакой проблемы.

Мы объединяемся, делаем всё, что надо для объединения в данный момент, и всё, что будет потом, нас не интересует. Нас интересует сейчас прийти к состоянию, когда мы объединены так, что внутри нас раскрывается Творец. Всё!

Если мы это делаем, то достигаем условия бесконечности. Мы выходим на следующий уровень, где нет ни времени, ни пространства – ничего. Необходимо 8 дней? Будет 8 дней. Неважно сколько! Это – 8 сфирот от уровня Бины до уровня Малхут, ничего другого нет.

Вот это очень сложно. И как же человеку не заботиться о завтрашнем дне…

Если ты работаешь на отдачу, для тебя завтра не существует! Для тебя не существует следующего мгновения! Для тебя главное – отдать! И ничего другого нет! «Завтра» исчезает из твоего поля зрения, из разума, из замысла, из расчета! Его нет! Ты включаешься в свое действие на отдачу, ты весь – там, распыляешься во всех! И в тебе ничего не остается. Ты, само «я» – просто исчезает.

Затем появляется новое эгоистическое состояние – на следующем этапе.

И ты снова повторяешь это же действие?

И снова так же, и потом снова – как колесо. Оно движется вперед, но одновременно вокруг себя катится.

При каких обстоятельствах это возможно? Вот так вложиться – сейчас и всё!

Это, конечно, приходит постепенно, через много лет, и только Свыше. Но оно придет. Я могу обещать всем моим ученикам – ученикам, а не просто слушателям, зрителям, – что это сбудется, они достигнут такого состояния.

Думаю, что еще и я с ними смогу пройти их первые шаги в этой силе, в этом подъеме. И это желание любого духовного учителя, потому что, если бросить на полпути ребенка, он может не выжить. Конечно, выживет (нечего думать, что ты всем управляешь), но всё-таки желательно провести учеников через пустыню, чтобы достигли полного свойства отдачи, чтобы уже не было никакой возможности двигаться обратно, потому как во всех их желаниях будет царствовать свойство отдачи.

И потом они уже будут осваивать его самостоятельно, со следующими предводителями, так же как народ шел с Моше и Йеошуа. Но пустыню желательно пройти.

Как ваш учитель РАБАШ относился к Хануке – как к празднику?

Мы немного читали то, что есть у АРИ – в книге «Врата намерений», практически очень мало. О Хануке мало говорится, этот праздник не из самой Торы. Таких случаев много: по дороге как бы испортились, а потом исправились. Поэтому я и говорю, что это типичная ситуация, через которую со времен Авраама и далее мы постоянно должны проходить. Мы всегда в войне против наших внутренних эгоистических противников, всегда должны объединяться между собой вопреки им. И тогда в нашем объединении проявляется чудо – эта Высшая сила любви.

Поэтому вы объясняете: «хану-ка» – «остановка в пути»?

Да, в пути – потому что она символизирует только половину исправления нашего эгоизма. Мы исправляем его с уровня эгоистического до уровня отдачи. Но нам еще нечего отдавать. Подъем над нашим эгоизмом символизирует Хануку. Свет, пламя свечи как бы колышется над эгоизмом, который сидит внутри. Масло – это наш эгоизм. Его надо исправить своей работой вопреки своей природе. Чтобы этот фитилек впитал масло и проявил такое следствие: не огонь – а свет.

Но это происходит под нашим внутренним давлением, потому что мы идем на сближение, соединение между собой в сторону полной отдачи вопреки нашему эгоизму. В этом-то и заключается весь праздник.

Наша отмена в соединении между собой – это и есть сжигание масла, а фитиль – это наше усилие?

Да, наше усилие объединиться. И дело не в восьми днях. Приходит свет, который связывает малхут (наши эгоистические желания) с биной. Вот это и есть Ханука.

Малхут поднимается до уровня бины, до уровня полной отдачи.

Зажигание «Шамаш» касается больше традиций или именно духовной работы?

«Шамаш» – это то, чем мы должны пользоваться, чтобы поджигать. А на самом деле это самый особый свет. Он олицетворяет свет, который приходит свыше и зажигает все свечи.

Сначала зажигается шамаш – приходит свет, когда мы верим, что мы можем объединиться. И этим светом мы начинаем в первый день зажигать одну свечу, потом – две свечи, потом – три свечи и так далее

Но это всё – символы, которыми мы пользуемся в нашем мире.

Ханука – такой детский вроде бы праздник, светлый. Зажигаются свечки, их ставят у окон. Люди идут по улицам, смотрят на эти свечки в окнах, как в сказочном городе.

Почему на окно ставится светильник?

Для того чтобы известить, что произошло чудо, которое спасло народ, потому что он объединился.

На самом деле никакого чуда, как я говорил, нет. Если мы объединяемся, то согласно закону природы, в момент нашего настоящего объединения происходит раскрытие Творца, раскрытие Высшего света, и зажигает светильник, и горит он бесконечно.

Потом начинается следующая ступень. Ведь это – хану-ка, это ханая (ивр. «стоянка»). То есть 8 дней прошло, малхут достигла свойства бины. И начинается рост нового эгоизма, и снова ты должен делать то же самое.

Вы все время говорите, что, так или иначе, мы никуда не денемся, – страданием или светом, мы должны прийти к состоянию единства. А что произойдет тогда с Ханукой?

Все праздники, кроме Пурима, исчезнут.

В Хануку мы просто поднимаемся над нашим эгоизмом, а в Пурим мы используем весь наш эгоизм для того, чтобы работать с ним на отдачу, то есть тут уже мы до конца используем все, что в нас есть. И поэтому именно такое состояние, как Пурим, – вечное. Каждый достигает состояния, когда он абсолютно весь, весь его бывший эгоизм – все это идет на отдачу и любовь.

То есть это состояние высшей радости.

И поэтому все другие состояния, а это и есть всевозможные праздники, все они исчезают. Они поглощаются в том состоянии, которое называется Пурим.

То есть Пурим, оказывается, самый главный праздник?

Конечно, это высший праздник. Он олицетворяет собой абсолютное исправление человека.

А пока у нас праздник света – Ханука. Будем двигаться к объединению, к любви! В этом вся наша задача сейчас.

Хаг самеах.

Приложение

ОБ ИЗДАНИИ «ТАЙНЫ ВЕЧНОЙ КНИГИ»

«Тайны Вечной Книги. Каббалистический комментарий к Торе» – многотомное издание, передающее содержание одноименного цикла передач с каббалистом Михаэлем Лайтманом. Автор и ведущий – Семен Винокур.

Уникальное издание впервые приоткрывает завесу тайны о истинном смысле Торы. Знания, которые тысячелетиями передавались из уст в уста, хранились от посторонних глаз и ушей, сейчас раскрываются нам, потому что пришло время.

В каждом томе последовательно дается каббалистический комментарий к недельным главам Торы.

СОДЕРЖАНИЕ ТОМОВ

Том 1, главы Торы: «В начале», «Ноах», «Иди себе».

Том 2, главы Торы: «И открылся», «И было жизни Сары», «Вот родословная Ицхака…», «И вышел Яаков».

Том 3, главы Торы: «И послал», «И поселился», «В конце», «И подошел», «И будет», «Имена», «И явился», «Идем».

Том 4, главы Торы: «Когда послал», «Итро», «Законы», «Пожертвование».

Том 5, главы Торы: «Укажи», «Когда будешь вести счет», «И собрал», «Исчисления», «И призвал»

Том 6, главы Торы: «Прикажи», «Восьмой», «Зачнет», «Прокаженный»

Том 7, главы Торы: «После смерти», «Будьте святы», «Скажи».

Том 8, главы Торы: «У горы», «По Моим законам», «В пустыне», «Исчисли».

МИХАЭЛЬ ЛАЙТМАН

Михаэль Лайтман (философия PhD, биокибернетика MSc) – всемирно известный ученый-исследователь в области классической каббалы, основатель и глава Международной академии каббалы (МАК) – независимой, некоммерческой ассоциации, занимающейся научной и просветительской деятельностью в области науки каббала.

М. Лайтман – автор более 70 книг по науке каббала, переведенных на 40 языков, являющихся углубленными комментариями ко всем оригинальным каббалистическим источникам.

СЕМЕН ВИНОКУР

Автор и ведущий серии передач с Михаэлем Лайтманом «Тайны Вечной Книги», писатель, сценарист, кинорежиссер и продюсер более восьмидесяти документальных и художественных фильмов, лауреат премий и наград 12 международных фестивалей за лучшие документальные фильмы, обладатель приза Израильской академии кино за лучший сценарий игрового фильма.

МЕЖДУНАРОДНАЯ АКАДЕМИЯ КАББАЛЫ

http://www.kabacademy.com/

Учебно-образовательный интернет-ресурс – неограниченный источник получения достоверной информации о науке каббала.

Миллионы учеников во всем мире изучают науку каббала. Выберите удобный для вас способ обучения на сайте.

УГЛУБЛЕННОЕ ИЗУЧЕНИЕ КАББАЛЫ – ЕЖЕДНЕВНЫЙ УРОК

http://www.zoar.tv/

Каждое утро на сайте ведется прямая трансляция уроков каббалиста Михаэля Лайтмана для всех, кто занимается углубленным, ежедневным изучением науки каббала и исследованием каббалистических первоисточников.

Видеопортал Зоар.ТВ располагает уникальным контентом в виде бесплатных видео материалов, видеоклипов, ТВ онлайн, добрых фильмов онлайн, музыки.

ПРИЛОЖЕНИЕ

ИНТЕРНЕТ-МАГАЗИН КАББАЛИСТИЧЕСКОЙ КНИГИ

Все учебные материалы Международной академией каббалы основаны на оригинальных текстах каббалистов.

РОССИЯ, СТРАНЫ СНГ И БАЛТИИ
http://kbooks.ru

АМЕРИКА, АВСТРАЛИЯ, АЗИЯ
http://www.kabbalahbooks.info

ЕВРОПА, АФРИКА, БЛИЖНИЙ ВОСТОК
http://66books.co.il/ru/

Михаэль Лайтман

ТАЙНЫ ВЕЧНОЙ КНИГИ
Каббалистический комментарий к Торе
Том 8

Редакторы: Э. Сотникова, А. Постернак.
Технические редакторы: Л. Жиленкова,
Э. Стосман, Н. Серикова.
Верстка: С. Добродуб.
Оформление обложки: А. Мохин.
Выпускающий редактор: С. Добродуб.

ISBN 978-5-91072-093-4

www.ingramcontent.com/pod-product-compliance
Lightning Source LLC
LaVergne TN
LVHW011930070526
838202LV00054B/4577